不要让人去做机器的工作

纠正教育技术的 5 大错误

Never Send a Human to Do a Machine's Job

[美] 赵 勇　张高鸣　雷 静　邱 蔚　著
杨 浩　石映辉　朱 莎　译
杨晓彤　审校

华东师范大学出版社

Never Send a Human to Do a Machine's Job: Correcting the Top 5 EdTech Mistakes

by Yong Zhao, Gaoming Zhang, Jing Lei, Wei Qiu

Copyright © 2016 by Corwin

Simplified Chinese translation copyright © East China Normal University Press Ltd, 2018.

Originally published in English by Corwin Press, Inc., a Sage Publications Inc. company in the United States, United Kingdom and New Delhi.

英文原版由 Corwin Press, Inc., a Sage Publications Inc. company 2016 年在美国、英国、新德里出版发行。

中文简体字版由 Corwin Press, Inc. 授权华东师范大学出版社有限公司独家翻译出版发行。

All Rights Reserved.

上海市版权局著作权合同登记 图字:09－2017－660 号

目录

作者简介 / 1

引言 / 1

第一章 技术和教师的关系错位 / 1
生态系统,而不是层次结构:反思教师与技术的关系 / 3

学习生态系统中的技术与教师:它们各自的"生态位"是什么? / 8

构建学习生态系统:它是怎样的一个系统? / 19

参考文献 / 22

第二章 错误的应用 / 26
第一种方式:技术作为消费工具 / 27

建构主义:在创造和生产中建构 / 30

维基百科:一个创作和生产的大众项目 / 34

创造和制作的新流派:数字故事、推特、博客、视频和机器人 / 37

作为创造者和制作者的多元化需求 / 41

参考文献 / 45

第三章 错误的期望 / 51
技术能否提升考试分数?不要让错误的问题指导我们的技术应用 / 52

提供更好的教育:教育技术的真正价值 / 58

参考文献 / 70

第四章　错误的假设 / 72
　　错误的假设：将技术视作课程/教学 / 74
　　什么是数字公民？ / 76
　　通过使用数字技术来培养数字公民 / 86
　　参考文献 / 89

第五章　错误的技术使用 / 95
　　两个技术悖论 / 95
　　下午3点前模式对下午3点后模式：区别是什么？ / 100
　　技术应用的几种路径 / 105
　　结语 / 110
　　参考文献 / 111

第六章　改变这一切 / 114
　　需要重塑教育 / 118
　　重塑教育内容：课程 / 119
　　重塑教育方式：教学法 / 124
　　重塑教师—机器的关系：结语 / 130
　　参考文献 / 132

英文版勘误表 / 135

作者简介

赵勇，美国俄勒冈大学（University of Oregon）教育学院国际在线教育研究所（Institute for Global and Online Education）主席、理事，教育学院教育评估、政策与领导力系教授。他同时还是美国维多利亚大学（Victoria University）米切尔健康与教育政策研究所（Mitchell Institute for Health and Educational Policy）资深研究员。他致力于研究全球化和技术对教育的影响，迄今共发表学术文章100多篇，出版20多部著作，包括：《迎头赶上还是领跑全球：全球化时代的美国教育》（Catching Up or Leading the Way: American Educating in the Age of Globalization）和《世界级的学习者：培养具有创造力和企业精神的学生》（World Class Learners: Educating Creative and Entrepreneurial Students）。曾获得美国教育研究协会（American Educational Research Association）颁发的早期学术成果奖（Early Career Award），并被《技术与学习杂志》（Tech & Learn Magazine）评为"2012年全球教育技术界最具影响力的十大人物"之一。近期著作《世界级的学习者：培养具有创造力和企业精神的学生》已获得"2013年度教育学教授协会图书奖"（Society of Professors of Education Book Award (2013)）、"教育出版商协会评委奖"（Association of Education Publishers' (AEP) Judges' Award）以及"2013年度教育领导力杰出成就奖"（Distinguished Achievement Award in Education Leadership (2013)）等

多个奖项。

张高鸣，美国印第安纳波利斯大学（University of Indianapolis）教育学院副教授，教授本科生与研究生的教育心理学与教育技术学课程。她的研究兴趣包括信息技术整合、师资培养与比较教育研究。曾在《在地平线上》(On the Horizon)、《幼儿教师教育杂志》(Journal of Early Childhood Teacher Education)、《亚太教育期刊》(Asia Pacific Journal of Education)、《教育评论》(Educause Review)以及《国际教育百科全书》(The International Encyclopedia of Education)等多种期刊上发表文章。

雷静，美国雪城大学（Syracuse University）教育学院教授。其研究重点关注如何通过信息技术培养全球化数字化时代的公民。研究兴趣包括信息技术整合、技术的社会文化及心理影响、数字化学习、新兴教育技术、教师教育技术培训等。近期著作包括《亚洲教育手册：文化视角》(Handbook of Asian Education: A Cultural Perspective)（2011，Routledge）以及《电子笔：为儿童提供一对一的设备》(The Digital Pencil: One-to-One Computing for Children)（2008，Lawrence Erlbaum Associates）。

邱蔚，美国韦伯斯特大学（Webster University）教学设计师、兼职教师。获得美国密歇根州立大学（Michigan State University）教育心理学与教育技术学博士学位。研究兴趣包括应用信息技术增强学生的学习体验、第二语言教育以及全球能力发展。

引言

循环遗忘症(Cyclic Amnesia)很好地刻画了技术在教育领域的发展历程。在过去 100 年左右的时间里,我们经历了太多次从希望到失望的循环过程:从胶片到收音机,从收音机到电视机,从电视机到计算机,从计算机到互联网。每一次循环都让人以兴奋开始,却以失望结束。但不知何故我们总能成功地忘记这些失败。我们甚至从未停下来反思我们到底错在哪里,因为新的技术出现了,它带来了更多的力量和希望。新技术是如此地引人注目以至于我们都没有时间来反思。我们必须快速行动来挖掘新技术的潜力,否则将会错过它的教育效益。因此,我们一直在重复地犯同样的错误。我也患了这种循环遗忘症,但是想要改掉它,因此我写了这本书。

我对技术在教育中的应用效果感到非常失望。尽管技术具有巨大的潜力,而且教育部门对教育技术的投资极大,但技术对教育的影响仍然非常有限。技术并没有大规模地解决教育领域的许多重大问题。教育领域从来就没有救世主。这是在经过 30 年的试图通过技术促进学习的尝试之后,得出的一个令人沮丧的领悟。

1985 年,当我在中国的大学任教时,我曾尝试用 Apple II 电脑来教授英语词汇。我设想的是计算机程序能够帮助学生更快地掌握英语。然而,我的计划并没有解决多大的问题。除我之外,没有其他人用。虽然我通过程序学到了很多英语单词,但这些收获并不是由于软件的使用,而是来自于编程。

　　虽然我是一名业余编程者，但当时有很多专业人士和企业都在设计语言学习的软件和系统。计算机辅助语言学习（Computer-assisted Language Learning，CALL）这一领域也应运而生，并出现了专业的组织机构、期刊和会议。学校购买了计算机，建造了语音实验室。但是今天全世界的学生仍然在非常吃力地学习语言，且大部分人都是跟着教师进行学习的。

　　10年后的1995年，我开始在大学使用互联网教授外语。广为人知的"信息高速公路"（Information Highway）以其强大的能力将世界各地的学生和教师联系起来，使他们能方便地获取语言和文化资源，从而开创了语言学习的新革命。

　　同年，我在应聘教育技术助理教授时，面试官帕特里克·狄克逊（Patrick Dickson）教授问了我一个问题："既然互联网在支持语言学习方面有巨大的潜力，如果10年后世界上大部分人仍不会两种语言，你觉得可能的原因是什么？"我给他的答案是："动机。"

　　如今，世界上大多数人仍然只会一种语言，动机可能只是众多原因之一。总的来说，学习外语的学生继续以传统的方式学习：教师、教材和练习题。只有极少数学生通过互联网与外国人在线交流，或者通过大量的报纸、书、电视节目、YouTube视频来学习语言。因此，高中2年的西班牙语学习不足以让学生具备语言运用的能力。

　　转眼又一个10年过去了。2005年，我设计了一款在线游戏来教世界各地的孩子学汉语。电脑游戏很容易上瘾，因此它们对学生而言应该很有吸引力。网络社交游戏在年轻人中非常流行。随着网络带宽的增加，图像质量的改进，以及无处不在的计算机，大型多人在线角色扮演游戏

(Massively Multiplayer Online Role-playing Game，MMORPG)将大幅提升语言学习的效果。我当时就是这么认为的,因此开发并推出了这种类型的游戏。游戏一度吸引了很多用户。然而事实是,10年后,汉语的学习方式与20世纪60年代或者19世纪时的学习方式并无二致:教师和教材。

2015年,我继续努力开发和部署语言学习的技术解决方案,但是对技术的革命性效果不再像10年、20年乃至30年前那样充满热情了,尽管那个时候的技术远没有现在这么先进。

在尝试利用技术促进教育变革的过程中,我一次次地感到失望。但不幸的是,同处失望旅途的并不只我一个。事实上,技术变革教育的失败不单体现在语言学习领域,它在教育的各个领域都存在,如数学、社会学、科学和其他学科。这些领域都曾被寄予厚望,教育者为此也付出了不懈的努力。虽然其中涌现了一些成功的范例,但总的来说,技术并没有大规模地改善教育。从整体来看,美国全国教育进展评估(National Assessment of Educational Progress)及其他历史评估的结果显示,在过去的几十年里,学生的学业成绩一直没有显著提升,并且学生成绩的差距持续存在。

这并不是因为我们错误地估计了现代信息和通信技术(Information and Communications Technology, ICT)的力量。毫无疑问,计算机在处理某些信息和执行某些任务方面要比纸张甚至人类强大得多。更为重要的是,技术越来越强大,而价格却越来越便宜。在过去30年里,数字技术日趋先进且无所不在。它几乎改变了我们生活的所有方面:它取代了传统行业中的工人,使整个工作生产线消失;它也催生了新的大型公司并带来了数以百万计的新岗位;它改变了我们生活、娱乐、旅行、工作、社交的方式。尽管网络学校、大规模在线开放课程(Massive Open Online Courses，MOOCs)

不断涌现，且技术设备不断被引进到课堂教学中，但技术并没有从根本上改变教育。

这也不是因为我们在技术变革教育方面所做的努力不够。学校已经投入大量的资金用来购买设备。1995年，我们变革计划的梦想是让学生与计算机的比例（生机比）达到5∶1，这一梦想实现了。此后我们梦想让学生与笔记本电脑的比率达到1∶1，这一梦想在许多学校也实现了。当前几乎所有学校和教室都实现了联网——漫长的发展历程及巨额的投资实现了从一无所有到拨号连接、到ISDN、到电缆、再到光纤以及无线网络的跨越式发展。计算机教室已经成为了所有学校的必需品。

为了培养教师和学校领导，我们也需要付出巨大的努力。为了认证和重新认证教师资格，我们制定了新的教师教育技术能力标准，为在职教师提供了专业发展项目，并在职前教师的教师教育项目中加入了教育技术课程。同时，我们还制定了研究生学位课程，并已提交给学校的技术领导者。过去30年来，我们成立了专业的组织、出版机构，举办了教育技术会议。

为了开发教育技术产品和服务，教育工作者、研究人员和企业都付出了不懈的努力。政府部门也为教育技术创新提供了经费支持。大量创新性产品被研发出来。在美国，从学前教育到高中阶段的教育技术市场份额已增长到近100亿美元，这足以购买大量的产品和服务。

然而，为什么技术在教育领域的变革性影响还是远不及其在其他领域的？更重要的是，我们需要怎么做才能使技术对教育产生革命性影响？在本书中，我和我的合著者将尝试分析个中原因，并提出使用技术的新方法，以更好地培养孩子。

我们回顾了过去在教育中使用技术所做的努力，发现技术没有对教育产生较大变革主要源于 5 个错误。第一，我们误解了教师与技术的关系。传统上，技术被视为教师的替代品或者教学的辅助者，这直接决定了我们要研发产品、服务或工具来完全地代替教师或供给教师使用。一种更富成效的关系可能是介于上述两者之间。也就是说，技术可以替代教师的某些功能但不是全部。与此同时，教师不需要将技术简单地视为一个提高教学的工具。相反，他们应该将部分授课职责转移给技术，转而将精力投入在一些技术不能完成的事情上。这就需要我们对教师与技术的关系进行概念性的重构。

第二个错误是我们在学校中处理与学生相关的技术的方式。传统的方式是通过技术来帮助学生更高效地"吸收"信息，它主要用于帮助学生更好地学习已有的课程，而更有成效的方法是帮助学生利用技术来进行创造和成果产出。这就需要我们转变自身看待学生学习的理念。

第三个错误源自我们对教育结果（Educational Outcomes）错误的期望与界定。随着学校肩负提高学生学业成绩（通常采用标准化测验来进行测量）的压力越来越大，在技术方面的投入历来被看作是提高学生学业成绩和考试分数的有效方式。因此，技术经常被限制在传统的教学实践中，而不是作为变革性的工具被用于为所有的学生创造更好的教育。

第四个错误源于认为技术只能改善已有的课程教学这一错误假设，忽视了技术已经创造了一个需要新的技能和知识的新世界这一事实。换句话说，传统的教育技术方法并没有将数字能力或在数字时代生存所需的能力作为正当的教育结果。因此，很少有人会关注于将学校打造成培养数字素养的环境。

最后一个错误是教师的专业发展。教师专业发展的努力更多是由技术产品驱动的，而不是源于学生和教育变革的需求。技术的变化日新月异。新的产品和服务的出现永不停歇。为帮助教师更好地使用技术，学校制定了许多专业发展计划。这些计划常常关注如何培养教师学会使用新的技术工具，而不是聚焦于学生的需求及技术如何作为一个整体来影响教育。

本书的前五章内容专门分章节介绍了我们所犯的五个错误。我们使用故事、案例、研究证据和质疑来阐明这些错误。但是，我们写这本书的目的不仅仅局限于指出这些错误。相反，我们想要从一个全新的视角去审视技术在教育中的应用，这也是第六章的内容。

受电影《黑客帝国》(*The Matrix*)中特工史密斯(Agent Smith)的启发，我们认为关于技术和教育的新的思维方式是"不要让人去做机器的工作"。关于教育，我们应该深入思考哪些工作适合人去做，而哪些工作应该交给技术来完成，并在此基础上重新定义人与机器的关系。我们没有理由让教师去做那些机器可以做得更好或更高效的事情，也没有理由让教师去做一些使用技术就可以完成的常规性、机械性和无聊的工作。毕竟，技术存在的价值就在于扩展、延伸和/或代替人的某些功能。

只有当我们重新理解教育本身时，人与机器之间的关系才能被重新定义。因此在第六章，我们提出了一系列应该且可能发生的变革，以期获得更好的教育结果，而未必是为了更多地使用技术。技术让"以学生为中心"和"从做中学"(Learning by Doing)愿景的实现变得必要且成为可能。在机器快速取代人类手工的时代，满足学生自主学习需求，尊重其个体差异的个性化教育已成为培养他们社会生活能力的必需。技术使个性化学习和自主学习成为可能。此外，技术也使学生通过处理世界范围内的各种真实问题参与真实学习成为可能。

总之,在现有的教育体制中,技术习惯上被看作是提高和改善现有实践的工具,但正如一些先驱思想家,如约翰·杜威(John Dewey)所设想的,技术已经成为了一种可实现巨大教育变革的工具。这种变革不是针对技术,而是针对更有意义的所有孩子的教育。或许我们最终可以摆脱在使用技术来改善教育的过程中所经历的循环遗忘。

本书是对过去发生事情的回顾。它旨在挑战传统的思维、实践和政策。更重要的是,本书旨在激发关于技术和教育的未来的新思考。因此,在批评过去的实践和政策的同时,我们也提供了许多不断涌现的面向未来的、体现新的思维方式的实践和案例。我们希望,这本书可以帮助学校领导、决策者、教师和家长在数字时代重新描绘教育的蓝图。

本书是一个合作项目。合著者致力于研究本书所讨论的问题已逾10年。成书过程中,张高明负责书稿的统筹与协调工作。尽管每章都有主笔者(第一章和第三章的主笔者为张高明,第二章和第四章为雷静,第五章为邱蔚,第六章为赵勇),但所有作者都对所有章节进行了评阅。我对整个团队的付出表示感谢。

赵勇

2015年4月

中译本补注:

本书由华中师范大学教育信息技术学院杨浩教授指导的"信息技术支持下的教育教学模式研究课题组"翻译,华南师范大学杨晓彤审校。我们深深感谢参与翻译的学者的贡献和付出!——赵勇

第一章 技术和教师的关系错位

生态系统中的互补关系对层次结构中的替代关系

詹姆斯·蒙塔格尼（James Montagnes）在其刊登于 1954 年 12 月 16 日的《尤金纪事卫报》（*Eugene Register-Guard*）上的一篇文章中提出了这样一个问题：教室中的电视会取代教师吗？他的问题问得非常及时，因为 20 世纪 50 年代正是电视发展得最迅猛的时期。1950 年，美国家庭拥有电视机的比例仅为 5%，到了 50 年代末，这一比例激增到了 87%（Sterling & Kittross, 1990）。蒙塔格尼在其文章中介绍了加拿大开展的一项大规模实验：加拿大 200 所学校的 5—8 年级学生通过观看电视节目，了解时事、历史、艺术、科学、安全以及文学知识。比如，有一个电视课程介绍"哥伦布是如何航行的？"这个电视课程利用 20 分钟的影片展示了哥伦布在航行过程中使用的各种工具，以及哥伦布向船员阐述自己如何掌握航行的方向。在文章的结语中，蒙塔格尼这样预测道："总有一天，视频在教室里会像黑板和橡皮擦那样常见。"在文章的最后，他提出了一个令人困惑的问题："教室中的电视会改变教师的角色吗？某一天电视会取代教师吗？"

从那以后，蒙塔格尼提出的"教师是否会被取代"的问题不时地被人们提及。每当出现了可能会对教学和学习产生潜在影响的某个重大技术创新时，这个问题就会被再次提及。其中，计算机在学校的普及可以说引发了人们对这一问题最激烈的争论。20世纪90年代，美国总统比尔·克林顿（Bill Clinton）提出，"通向21世纪的桥梁……计算机就如同黑板一样，是教室中不可缺少的一部分"（引自Oppenheimer，1997）。20年后，他的话已成事实。据统计，2009年，美国约有97%的教师在教室中至少拥有一台计算机，54%的教师会把计算机带到教室去（Gray，Thomas，Lewis，& Tice，2010）。此外，互联网也得到广泛普及，教室里93%的计算机以及可以带到教室去的96%的计算机都能连接互联网。同年，美国的生机比达到了5.3∶1（Gray et al.，2010）。因此，蒙塔格尼问题的各种不同变体登上了新闻媒体：《教育周刊》（*Education Week*）的"教师和技术孰能提高区域教育质量"（Quillen，2012），《时代概念》（*Times Ideas*）的"计算机会取代教师吗？"（Rotherham，2012），CNN民意调查（*CNN Opinion*）的"计算机会取代教师的地位吗？"（Mitra，2010）。

很快，在线教育就成为了这个问题的下一个目标，因为它是教育领域中发展最快的教育形式（Allen & Seaman，2011）。根据美国最近发布的在线教育报告，在2010年秋季学期，超过610万学生至少上过一门在线课程，与上一年同比增加了56万学生（Allen & Seaman，2011）。另外，在线教育注册人数10%的增长率远远超过了高等教育招生2%的平均增长率。蒙塔格尼问题的最新版本是："平板电脑能取代教师吗？"（"Digital Schools"，2013）。

蒙塔格尼问题有很多不同的版本，并且每当我们经历新的技术创新时，该问题可能又会产生新的版本。

● 电视会取代教师吗？

- 计算机会取代教师吗?
- 在线教育会取代教师吗?
- 平板电脑会取代教师吗?

虽然上述问题关注的是在课堂中广泛应用并对教与学具有潜在影响的某项特定的技术,但实际上这些问题的本质都是一样的:技术(如电视、计算机、互联网、平板电脑等)与教师的关系是什么?技术能够完全替代教师的责任吗?正如不同版本都涉及的问题"教师会被取代吗?"所表明的那样。

生态系统,而不是层次结构:反思教师与技术的关系

层次结构:替代理论和媒体比较研究

关于教师是否会被取代这类的问题很好地描述了替代理论和媒体比较研究,这两者都把媒体(各种类型的技术和教师)之间的关系看作是层次结构关系。层次结构关系的思维模式就是探究哪一种媒体是最好的。

替代理论的主要思想就是,"B 比 A 更好吗?"以及"B 能取代 A 吗?"这里 B 指的是新型媒体(如收音机、电视、计算机、互联网等),而 A 代表的则是现有媒体。当新型媒体出现的时候,那些支持替代理论的人可能会认为新型媒体对现有媒体造成了威胁。他们急于探索哪一种媒体更好。以替代理论为指导思想的研究,试图开展新型媒体和现有媒体之间的比较研究,比如,收音机和报纸之间的比较研究(Lazarsfeld, 1940; Mendelsohn, 1964),电视和报纸/杂志/收音机之间的比较研究(Belson, 1961; E. Rubenstein et al., 1973; Williams, 1986),以及最近关于计算机和互联网之间的比较研究(Althaus & Tewksbury, 2000; Finholt & Sproull, 1990; Kayany &

Yelsma，2000；Kaye & Johnson，2003)。

　　同样地，媒体比较研究的核心问题是：B(如一项新的教育技术)比教师更好吗？以及 B(如一项新的教育技术)能取代教师吗？这两个问题成为了蒙塔格尼所提出问题的不同版本的模板。已有大量的研究试图回答这两个问题(Cohen, Ebeling, & Kulik，1981；C. Kulik, Kulik, & Cohen，1980；J. Kulik, Bangert, & Williams，1983；J. Kulik, Kulik, & Cohen，1979)。其中一种典型的研究就是比较使用两种不同媒体开展学习的学生在学业成效上的差异。最近的一个案例是美国教育部对阅读软件和数学软件的有效性开展的研究(National Center for Education Evaluation and Regional Assistance，2007)。这项研究比较了四组学生的学业成效差异，即分别使用阅读软件与数学软件开展学习的学生与传统课堂中没有使用软件进行学习的学生。这四组学生分别来自于一、四年级的阅读课，六年级的数学课以及高中的代数课(National Center for Education Evaluation and Regional Assistance，2007)。

　　替代理论和媒体比较研究都是基于一个这样的假设：媒体是有层次结构的，我们必须对媒体进行排序，以便找出哪一种媒体在教学中的使用效果是最好的。然而，诸多研究证明，仅仅使用一种特定的媒体进行教学对学生的学习没有益处，比如，20 世纪 50 年代的收音机研究(Hovland, Lumsdaine, & Sheffield，1949)，60 年代的电视运动(Schramm, Lyle, & Parker，1961)，以及七八十年代的计算机辅助教学研究(Dixon & Judd，1977)。理查德·克拉克(Richard E. Clark，1983)在一篇媒体比较研究的综述中这样总结道：50 年的研究表明，不管媒体具有何种吸引人的特性和所宣称的优越性，在教学中使用媒体对学生的学习成绩都没有提升(p. 450)。面对面教学与在线教学的重复性比较研究也得到了类似的结论。最近,伯纳德等人(Bernard et al., 2004)的研究以及其他关于远程教学研究的综述(Cavanaugh, 2001; Moore, 1994)都表明,远程教学与面对面教学的效果并没有显著性差异。

生态系统:与机器人共舞,一个跨媒体学习系统

由于学习效果的差异不能简单地取决于任何一种媒体(如收音机、电视、计算机等)在教学中的应用,因此我们必须反对媒体的层次结构范式。我们应该明白有效的学习环境是由多种媒体构成的,就好比一个生态系统包括了所有的生物(如植物、动物及其他生物等)。本章内容认为我们应该改变我们对学习媒体的看法。这些学习媒体不是一个层次结构,它们都属于一个生态系统。[①] 在任何生态系统内,每种生物都有其自身的生态位及作用。同样,在理想的学习环境中,每种媒体,尤其是教师,应该找到并占据自己的"生态位"(比如该媒体所独有的功能;其他媒体没有的或表现效果不如该媒体的功能),并在这个学习环境中与其他媒体互为补充。

要把学习环境看作是一个生态系统,我们必须转变自己的思维,不要再去探索哪种学习媒体更好(甚至最好),而要去了解每种媒体的生态位和优势以及各种媒体之间的关系。更准确地说,我们首先需要分析计算机和人的优势/"生态位",然后建构一个能充分发挥他们优势/"生态位"的学习环境。此过程在《与机器人共舞》(*Dancing With Robots*; Levy & Murnane,

---

[①] 这句话受到 Leonard Cassuto (2013) "We're Not a Hierarchy, We're an Ecosystem: Graduate Programs Should Ignore the Ranking and Find Their Niche."一文的启发。

2013)和《跨媒体语言学习系统》(*A Transmedia Ecosystem for Language Learning*；Zhao，2011)这两本书中都得到了详细的阐述。利维和默南(Levy & Murnane，2013)认为，人应该"与机器人共舞"。他们的核心思想就是让计算机(即机器人)做它擅长的事情，而人应该做计算机无法做的事情。利维和默南对"计算机如何做它擅长的事情"，以及"计算机不能做的事情"进行了详细的综述(p.6,9)。根据他们的总结，只有当计算机拥有完成任务所需的所有信息，并且这些信息是以计算机可以处理的形式被识别和重组时，计算机才可能取代人工。比如，机场办理登机手续的自助服务终端就是按逻辑一步一步地处理信息的：

- 信用卡上的名字与储存在数据库中的名字是否匹配？
- 如果匹配，安排一个位置。
- 如果不匹配，让乘客询问前台工作人员(Levy & Murnane，2013，p.7)。

然而，当需要解决新的问题(即程序员没有预先设置的问题)，或者遇到无法按逻辑步骤处理的问题时，计算机就无法完成任务，这个时候就需要人的认知复杂性进行干预。由于自助服务终端没有预设备选的反应程序，因此，当信用卡上的名字与数据库系统内的名字不匹配时，自助办理登机手续的服务终端会让乘客去询问前台工作人员。在这个例子中，人所要完成的那部分工作需要运用沟通技能(由于需要应对无法预知的回应，计算机无法预先设置这样的程序)来解决新环境中的问题，而这些是计算机无法完成的。

为了在结合技术和人的优势的同时，考虑到他们的不足之处，利维和默南(2013)提出了一个"与机器人共舞"的框架。该框架的核心在于让计算机解决程序化的问题，而让人类解决非结构化的问题、处理新的信息，以及完成非程序化的手工任务(p.3),这三种类型的任务都是计算机无法完成的。换句话说,他们认为人应该利用计算机的能力去弥补人类技能的不足。

如果让利维和默南来回答蒙塔格尼的问题,他们的答案会是:不,计算机无法取代教师。相反,他们认为,教学是一个需要非计算机技能的职业,如解决非结构化的问题、处理新的信息。因此,教师不会简单地被计算机取代。"教学、销售、管理和新闻报道等工作都强调沟通能力,因为他们的工作不是简单地交换信息,而是交流对信息的理解。"(Levy & Murnane, 2013, p.18)

赵(Zhao, 2011)详细描述了语言学习生态系统可能的面貌。他认为,这个生态系统应该包括一系列学习媒体(包括教师),同时他认为应该将不同的学习活动交由能够做得最好的媒体来完成,并保证人力完全参与其中(p.9)。比如,在实践阶段(详见表1.1),学生可以从技术(如在线测试、移动游戏等)和人力资源(如教师、导师和同伴等)中获得实践的机会。

表1.1 用于语言学习实践的人力资源和技术资源(Zhao, 2011)

计算机资源	人力资源(通过面对面的交流和计算机辅助的交流发挥作用)
在线测试:包括基本的语言机制,如通过网络传递的发音、语法、词汇练习等。学生可以在他们方便的时间进行在线测试,并且测试次数不受限制。学生还可以选择难度与他们能力水平相符的测试。	同伴指导者:如果可能的话,同一个学校或其他学校的移民学生(其母语是语言学习者学习的语言)可以作为学生的同伴指导者。另外,语言技能较高的学生也可以作为指导者。
移动游戏:包括移动设备上用于语言训练的计算机游戏。	教师:有资质的教师能够进行教学,并管理学习活动。 在线语言指导者:来自本地社区或世界各地的人都可以通过计算机支持的交流方式辅导学生学习语言。

这种新范式的本质可以用电影《黑客帝国》中的一句台词来表达,即"不要让人去做机器的工作",这也是本书的标题。它体现了将人与技术的功能进行区分的重要性,并把人力资源和技术分配到学习过程的不同活动中。最终的目标是充分利用人和技术两者的优势,为学习者提供优化的学习环境。

学习生态系统中的技术与教师:它们各自的"生态位"是什么?

当我们把学习环境看作是一个生态系统时,我们必须了解这个生态系统内的每个"物种"的"生态位"(如教师和技术等,见表1.2)。技术的"生态位"是完成机械的、重复的任务,提供创新性的展示与交互方式,以及促进个性化的学习体验。相比之下,教师的"生态位"则是批判性思考,以及社会与情感交互。在这里,"物种"的"生态位"指的是一个"物种"能做其他"物种"或无法完成或无法做好或效率不高的事情。比如,对于机械的、重复的任务(如教授如何拼写字母,批改测试中的多选题)这种属于技术"生态位"的任务,教师虽然也能够很好地完成,但是相比技术来说明显会化费更多的时间。

表1.2 技术的"生态位"与教师的"生态位"

生态系统构成	"生态位"
技术	完成机械的、重复的任务 提供创新性的展示与交互方式 促进个性化的学习体验
教师	批判性思考 社会与情感交互

技术在教与学中的"生态位"

技术旨在替代或者促进人的某些特定功能。马歇尔·麦克卢汉（Marshall McLuhan，1964）在其广为传阅的著作《理解媒体》（*Understanding Media*）中指出，媒体即人的延伸。比如，弯曲的手指变成了钩子，人的手臂和手变成了耙子、桨和铲子，人的神经变成了电报、电缆，人的眼球中的晶状体变成了光学仪器里面的镜头。交通工具的重大突破，如汽车、飞机等显著提升了人类旅行的能力。从这些例子中我们可以发现，技术能够花更少的时间、体力或者金钱完成人类无法完成的某些特定任务，甚至比人类做得更好。同样，教育技术在教学和学习中也有教师所无法比拟的优势。

完成机械的、重复性的任务

尽管教学和学习是创造性的工作，但我们不能否认它们也包含一些机械式学习和死记硬背的成分。比如，默写字母表中的英文字母，对于儿童而言是一项必备的技能。在传统的单词教学中，教师需要重复性地为学生提供一些书写单词的注意事项。诚然，教师可以在黑板上为学生讲解如何书写单词，但是重复地这样做就会很耗时。有了教学生学习单词的游戏和程序，教师就可以从这些机械的、重复性的工作中解脱出来。

Letter Writer Oceans 就是这种程序的一例。在该程序中，字母漂浮在海面上，当学生敲击某个字母时就会出现游戏导引。一条小鱼游到敲击字母游戏开始的地方，也就是学习者手指所放的

> 最终的目标是充分利用人和技术两者的优势，为学习者提供优化的学习环境。

位置，学习者需要做的就是跟随敲击的指引在屏幕上练习字母的书写。只要学习者书写正确，小鱼便会一直跟随学习者的手指游动。

计算机及其他技术的另一个优势是它们能让共享变得更加快捷有效。比如，谷歌文档（Google Docs）能让教师方便地与学生共享文件。教师可以设置哪些文件学生只能阅读，哪些文件学生可以编辑。教师可以把文件共享给不同小组的学生。此外，谷歌文档还能让教师在文档中查看学生的作业，提出建议和意见，浏览学生修改后的作业，并解答学生提出的问题。学生也可以通过谷歌文档进行同伴审阅和编辑。虽然所有这些功能通过电子邮件也能够完成，但是很明显会耗费更多的时间和操作。

提供创新性的展示与交互方式

教育技术的发展为学习中的展示与交互提供了无限的可能。通过使用多媒体材料，学习者的学习动机能够被激发，技术能够为学生的学习增添更多的乐趣。比如，Letter Writer Oceans 利用一条游动的小鱼而不是传统的课堂教学作为学生学习的向导，为学生创造了一个友好的学习环境。席文-卡恰拉和比亚罗（Sivin-Kachala & Bialo，2000）在一篇文献综述中指出，技术会对学生的学习态度、自信和自尊产生积极的影响。通过计算机学习网络进行学习的学生，其学习动机更强，对概念有更深刻的理解，并且有更强烈的解决复杂问题的意愿（Roschelle，Pea，Hoadley，Gordin，& Means，2000，p.81）。另一篇综述报告也提到，有效地使用技术能够提高学校的出勤率，降低辍学率（Coley，1997）。

技术在改变学习材料呈现方式的同时，也可能会帮助学生回忆学习材料上的内容，从而达到更好的学习效果。比如，PowerPoint 被广泛地应用于教学和学习中。事实上，它的应用如此之广，以至于人们期待在课堂教学中能够有多种媒体辅助展示教学内容。多媒体辅助软件如 PowerPoint 等，能够同时为学生提供听觉/言语信息（如教师的讲授、音频、视频）和视觉/图片信息（如图示、动画、视频、文本等）。根据多媒体学习认知理论，人类信息处理系统包含两个通道（Mayer，2005）：一个通道处理听觉/言语信息，另一个通道处理视觉/图片信息。在学习中使用多媒体辅助手段时，学生能够用两个通道同时处理信息，这种更深层次的信息处理过程能够使学生更好地理解所呈现的学习材料。

促进个性化的学习体验

美国一般的班级通常有 20 名或更多的学生，他们的学习需求存在巨大差异。这种差异表现在学业知识与技能水平、种族与宗教背景、学习风格、性别等方面。因此，在有限的课堂时间内，既要按统一的课程教学又要考虑到每个学生的个体差异，就算对于模范教师而言，也是一个非常繁重的任务。

教育技术工具在提供个性化教学方面具有很大的潜力。与教师相比，技术能够便捷地跟踪学生的学习进展，并实时地向学生提供反馈。基于这些数据，技术工具能够通过设置合适难度的学习目标，创造能激发学生学习动机的学习体验，从而为学生设计个性化的学习。

教学软件在创造个性化学习体验方面扮演了非常重要的角色。当学生通过教学软件解答一系列数学问题时，他们回答问题的数据会被先进的个性化学习程序追踪记录。这些数据会揭示学生在解答这些数学问题时的长处和不足。这些数据可以回答的问题包括哪类问题对学生来说是最具挑战性的（可以通过学生在解答不同类型问题上所花的时间来判断），以及学生是否由于对某个概念的错误理解而犯重复的错误。别误会，我相信教师也能把这些事情做好,但是教师的时间和空间会受到严格的限制。即使是最有效率的教师也不可能时刻关注由 20 人或更多人组成的学习小组,并寻找每个人的犯错模式。近年来,1∶1 平板电脑项目在学校的流行,以及自带设备(Bring Your Own Device,BYOD)项目的开展,为技术支持的个性化学习体验创造了更多的可能性。

为了更好地满足学生日趋多元化的学习需求,美国南卡罗莱纳州(South Carolina)哥伦比亚市(Columbia)的森林湖(Forest Lake)小学成功地利用技术创建了个性化的学习体验环境。传统的教学采用统一的教材,面向平均水平的学生,很难满足不同家庭收入、种族、家庭结构、母语、兴趣和学业技能的学生的需求。为了使每个学生按照自身的水平开展学习,森林湖小学的教师和管理人员使用了多种多样的数字技术工具(如交互式电子白板、数码相机、摄像机、应答器、掌上电脑等)。当被问及设计个性化的课程和营造积极的学习环境的方法时,教师和管理人员建议,可根据学生的兴趣和需求,利用多样化的技术工具来呈现学生的最终作品(G. Rubenstein, 2010)。比如,学生共同探究关于"美国内战(Civil War)"的项目,他们可以通过使用 Prezi 演示工具,或使用动漫制作工具 Pixton、Comic Life 绘制连环漫画,或使用 VoiceThread 软件制作视频、声音和文本注释等方式展示他们的研究成果。教师和管理人员还建议使用多种形式的媒体来开展教学,并使用应答器等远程应答系统来收集每个学生的理解信息,然后据此提供即时的反馈。

当个性化学习作为一种教学模式在全校范围内实施时,它就超越了个体指导者的层次,"一校通"(School of One)项目就是一个例证(Medina, 2009)。"一校通"试点项目在纽约市的唐人街孙中山中学(Dr. Sun Yat Sen

Middle School 131)开展。在这个学校,诞生了一些能充分体现创新型学习模式的术语,比如,学习空间分配被比作是机场的起落航线,学生的工作事项被称作播放列表。在这个项目中,学生早上到学校会回答 5 个问题,他(她)的答案被计算机算法程序识别,该程序会计算出学生在这一天将学习什么内容(即学习者定制化的播放列表)。这个算法会基于学生先前学习的知识,判断学生当前所处的学习阶段,并决定安排哪位教师给学生授课,甚至会安排好学生当天将要参与的学习活动。学生的播放列表包含学生一整天的所有学习模式:学生可独自使用计算机软件进行学习,也可以在组内进行学习;可以和虚拟导师一起学习,也可和在线导师一起学习。该程序颠覆了传统的"1 个老师带 25 个学生"的学习模式。管理者可以在房间内通过 10 多个显示器同时观看学生的播放列表,以及学生完成播放列表的情况。纽约城市学校的校长乔尔·克莱因(Joel Klein)指出,这个项目非常具有创新性,因为它能够依据学生的长处和不足以及学生的兴趣,为学生定制学习内容(引自 Medina, 2009, para. 4)。据了解,"一校通"项目有望在纽约的 50 所甚至更多的学校推广。

由此可见,技术对学习产生了巨大的影响,能够极大地促进学生的学习。技术在重复教授基础技能方面的效率很高,因而能为教师节约大量的教学时间。技术的存在,能使更多的人获取多媒体资源,还能为学习增添更多的趣味。最后,技术在推动个性化学习方面具有巨大的潜能。

尽管技术在教育中有巨大的应用潜能,但是认为技术是全能的、会完全取代人类的想法是危险的。技术可能会替代人的体力劳动,但是无法替代教师完成需要批判性思考以及和社会、情感交互的任务,而这对于教与学来说是至关重要的。

教师在教与学中的"生态位"

正如利维和默南(2013)所总结的,与技术相比,人类在完成高技能非结构式任务和低技能任务方面效率更高。在教学情境中,这些技能和任务主要反映在批判性思考以及社会与情感交互两个方面。

批判性思考

在评价教育技术的教学法和教学内容方面,教师发挥着无可取代的作用。与人类设计的其他东西一样,技术也有它的缺点和限制。教育工作者首先要明确某项技术能干什么(即功能的可见性),以及该项技术可能不善于干什么(即功能的局限性),然后再为学习者选择合适的技术工具。说起来容易,做起来难。近年来,教育 App 和工具出现了爆炸式的增长。2012 年 1 月,约 150 万台 iPad 被教育机构和学校使用来开展教学(Rao, 2012)。与此同时,在 iTunes 和 Android 上可用的教育类 App 分别超过 50 万个和 30 万个(Barseghian, 2012)。预计移动 App 的营业收入会持续大幅增长,到 2015 年可能达到 380 亿美元。对于学生而言这是一个好消息,因为学生将可获得海量的教育资源,但同时也引发了一个很大的疑问:我们该如何选择合适的 App?

回答这个问题并非易事。比如,如果教师想增进学生之间的交流,他(她)有大量的技术工具可以选择,如维基(Wikis)、谷歌文档、博客、推特(Twitter)和 VoiceThread 等。然而,这些工具有各自的功能可见性(Affordance)和局限性,在增进学生之间的交流体验方面也各有差异。教师选择工具的标准包括但不限于如下几个方面:是否支持小组的协同写作;是否提供 RSS 订阅服务;是否限制文章的长度;是否允许语音点评和反馈；以及反馈的信息如何共享给其他人。

我们有必要在教学情境中探讨这些技术工具的功能可见性和不足。学生对教学法和内容的需求是什么？技术工具如何满足学生的需求？这两个问题可以进一步细分为如下几个问题：

- 我要用这项技术工具来教授什么内容？
- 这项技术工具的功能可见性是什么？
- 这项技术有什么缺点和不足？
- 学生是否有什么特别的学习需求？
- 我将如何在教学中使用这项技术（如教师使用对学生使用，全班使用对小组或个人使用，是否与课外的人共享）？
- 这项技术的使用如何为学生提供更好的学习机会？

在估量使用技术的所有可能的方式时，教师不断地在做决策。教师必须要具备合适的教学内容和教学法知识，才能实现教学与工具的整合，并充分考虑这些工具的功能可见性及其局限性。整合技术的教学内容知识（Technological Pedagogical Content Knowledge，TPACK）框架表明，在教学中有效地整合技术需要理解和协调技术、教学法和内容三者之间的关系（如图 1.1 所示）。

依据教学目标和学习目标挑选合适的技术工具，对于即使是最有经验的教师来说，也是一项艰难的任务。首先，iTunes 应用商店或其他应用商店对其 App 的描述和组织并没有固定的方式。因此，很难针对特定的内容和年龄群体选择合适的 App。其次，大多数教育 App 用户和/或职业评审人员无法提供对 App 可能的使用情境的描述。这些使用情境信息包括：App 教授什么内容，如何传递学习内容，技术如何应用于不同背景的学生，以及

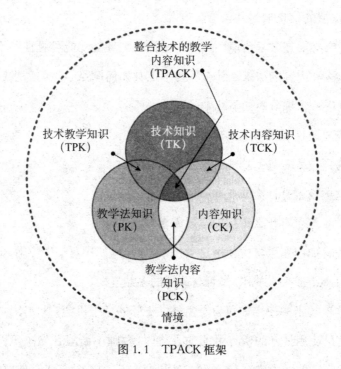

图 1.1 TPACK 框架

如何对学生使用 App 学习进行评估等。这些背景信息十分重要，它会影响教师决定是否采用以及如何使用技术。最后，教育评审人员通常没有教学经验，因此他们无法解决教师在教学中可能遇到的基本问题。比如，"这个 App 如何应用于有特殊学习需求的学生？"和"这个 App 能帮助我开展个性化教学吗？"等。缺乏学科内容与教学法知识的外行人可能会更多地关注工具的技术层面，因而忽视了从整体视角（即技术、学科内容和教学法）来考察技术工具。

教师别无选择，只能自己亲自去审查 App。据哈里斯互动调查公司（Harris Interactive）的调查显示，大约 1/3 的教师每周至少花费 1 个小时来搜索可用于课堂教学的技术工具（Molnar，2013）。但要搜索具有课堂教与学潜能的技术工具,对工具有足够的了解并能整合技术以更好地满足学生的学习需求,每周仅花费1个小时对于教师来说是远远不够的。

为了解决评审教育技术工具的教育工作者短缺的问题,现在有很多新型网站,如 edshelf、Graphite、PowerMyLearning、Edustar、appoLearning 和 Learning List 等,可以通过收集教育工作者的评论来帮助教师挑选最好的教育技术工具。这些网站有时会被拿来与在线点评网站 Angie's List 或《美国消费者报告》(*Consumer Reports*)进行比较。PowerMyLearning 网站的特色是有成千上万的免费游戏和视频资源,以及覆盖 K-12 阶段所有主要学科内容的交互活动等,并且这些资源与基础课程相匹配。类似地,edshelf 主要是提供一份由家长和教育工作者进行排名和评论的网站、移动 App 和桌面程序的目录。目前有 4 000 多个学区的教师都在使用 edshelf。相比之下,appoLearning 则更偏向于通过协作的方式,邀请家长、教师和其他的教育专业人员对 App 进行评价,并让他们将评审意见提交到其报告卡数据库中。对 App 的评价主要涉及 6 个方面:教育内容、趣味性、测试、功能设计、价值以及安全与隐私。由于这些网站都是最近才兴起的,因此哪个网站对于教师和家长来说是最重要的资源尚不得而知。但是,对让更多教育工作者评论教育技术网站的需求,也正表明了即使有很多可用的技术,教师的地位仍是必不可少且无可取代的。

社会与情感交互

教师的位置无可取代的另一个原因,是他们对学生社会与情感发展的影响。教与学不仅仅意味着学生在某个领域的认知发展,如能够进行阅读和写作,解决数学问题,以及开展科学实验等。情感与社会发展是学龄儿童成长的两个额外的核心要素,尽管我们并不总是直接将它们教授给孩子们。

学校是教学生学会如何交朋友、维持友谊，与大人交往，包括与更具权威的大人(如教师)交往，以及如何解决社会交往中出现的问题的主要场所。在这些方面，教师的作用是无可取代的。

如果没有学校整体上提供的社会环境和教师特别的引导，很难想象学生能够处理好如下的社会与情感需求：

- 如何表达自己的情感
- 如何解决嫉妒心理
- 如何解决自尊、个人形象、学业成就等问题
- 是否适应集体环境
- 如何获得同伴的认可

因此，关于蒙塔格尼问题的所有版本的简短答案都是：不！不，电视不会取代教师；不，计算机不会取代教师；不，在线教育不会取代教师；不，平板电脑不会取代教师。

我们一直都在问错误的问题：我们为什么要迫使自己去思考教师和技术，哪个更好？为什么我们要在教师和技术中去选择一个？正如我们在本章所论述的，教师和技术都有各自的优势。由于教师和技术在学习生态系统内都具有较高的价值，因而这两者无法也不应该取代彼此。如果我们把学习环境看作是一个生态系统，教师和技术就是这个生态系统内具有不同"生态位"的两种不同物种，对学生来说各自具有不同的作用。教师具备不同的学科内容和教学法知识，他们能够在复杂的、动态的、不可预测的状况下做出决策。教师在学习生态系统中的"生态位"并不优于技术，反之亦然。我们不应该尝试在层次结构中对教师和技术进行等级划分，而应该把他们都看作是学习生态系统中重要的组成部分。因此，我们应该提出的更好的

问题是:教师和技术如何协同工作,以创造一个可持续的学习环境?

构建学习生态系统:它是怎样的一个系统?

因此我们(真正)的工作应该是创造一个有效的学习环境,以充分利用教师和技术的优势。那么这样的学习环境是怎样的呢?由于这种理想的学习生态系统并没有一个明确的结构,因此衡量它成功与否的最大指标就是技术的"生态位"和教师的"生态位"能否有效地进行整合。技术支持下的教师(Technology-Powered Teachers)和翻转课堂(Flipped Classrooms)是两个有效地整合了技术和教师优势的成功案例。

技术支持下的教师

在一个有效的学习生态系统内,教师无法被技术取代。相反,技术能够支持教师,使教师变成"具有技术能力的教师"(Tech-Powered Teachers),这个术语是萨尔曼·可汗(Salman Khan,2012)在《教育周刊》的一篇评论中提出的。感谢计算机技术的"生态位",使得"具有技术能力的教师"能够更好地挖掘学生的潜能。可汗进一步解释道:

"技术永远不可能取代教师,事实上,技术会让教师变得更重要。技术给教师提供了宝贵的实时数据,以帮助教师诊断学生的薄弱点并对学生进行适当的干预。技术让教师能够更迅速地评估学生对新知识的理解,以便教师及时调整教学计划。虚拟工具具有为学习资源匮乏的学生(比如印度偏远山区的学生)提供教育资源的潜能,但是这些工具不能替代与同伴和教师在一起的丰富体验(para. 8;2012. 10. 3,首次刊于《教育周刊》;征得作者同意后转载)。"

可汗亲自制作并分享的免费教学视频给予了教师极大的帮助。他是可汗学院(Khan Academy, www.khanacademy.org)的创始人和教员。可汗学院是一个非营利性的机构,其宗旨是为全世界的所有人提供免费的、一流的教育。可汗学院制作了 2 000 多个教学视频,覆盖从基础加法到高等微积分、物理、化学、生物等上千个主题。超过 100 万的学生每月通过可汗学院学习。可汗学院已经提供了 3 000 多万节课。可汗学院为学生提供 24×7 的全天候服务,学生可以根据自己的学习需求和学习进度选择视频进行学习。依靠教师来实现随时随地学习与个性化教学不仅难度很大,而且费用很高。如果没有技术的支持,这几乎是不可能实现的。

翻转课堂

翻转课堂是另一个充分整合了技术和教师的优势从而创造更好学习环境的案例。翻转课堂,即学生在家学习课程内容,在课堂上借助教师的帮助完成作业。美国马里兰州(Maryland)波托马克市(Potomac)布利斯学校(Bullis School)一名 11 年级的学生,第一次体验使用翻转课堂学习微积分。她在家通过视频及教师制作的其他资源进行学习,然后在课堂上完成作业(Strauss, 2012)。该学生的微积分教师,史黛丝·罗山(Stacey Roshan)在一次技术会议上了解到翻转课堂,她意识到翻转课堂可以让她"在教室外授课",并为学生提供一对一的支持(para. 9)。该学生在访谈时提到,在翻转课堂这种教学模式中,她获得了成功的学习体验。她说,"我在数学上获得了前所未有的进步"(para. 11)。布利斯学校并不是唯一成功地实施了翻转课堂教学的案例。美国密歇根州(Michigan)克林顿代尔高中(Clintondale High School)成功地对整个学校的课程进行了翻转。许多教师或自己录制教学视频,或让学生在可汗学院上进行翻转式学习。该校的领导说,翻转课堂的教学模式提升了学生的出勤率,减少了课程不及格学生的人数(Boss, 2012)。

翻转课堂有助于学生与课程保持同步。那些因故缺课的学生仍然可以访问缺课当天的课程内容。翻转课堂教学模式利用技术为课堂内外的学生提供了个性化的教学。学生能够在课外按自己的步调观看教学视频和学习资料。这些教学视频能向学生介绍新的概念,并回答一些常见的问题,如"我如何访问谷歌文档?"和"APA 格式是什么?"等。教师不再需要反复地回答学生提出的问题。教师可以事先录制好相关主题的教学视频。当学生有问题时,教师可以引导学生去观看相关的教学视频。学生可以根据他们的需要重复地观看视频或者浏览材料,也可暂停播放视频做笔记,或回放自己还没有弄懂的那部分学习内容。在课堂上,教师在为学生答疑解惑的时候也会提供个性化教学,并为每个学生提供帮助,而不是像在传统课堂中那样为全班学生授课。

翻转课堂是充分利用教师和技术优势的优秀案例。在这个案例中,技术和教师并不是相互竞争的关系。相反,它们是相辅相成的。技术(如视频、展示工具等)整合到课程中的目的是为学生提供学习内容和教学指导。教师在翻转课堂的教学模式中是不可或缺的,因为他们为学生的学习搭建了一个"脚手架",并可以随时为学生答疑解惑。作为一个了解教学内容,掌握多种教学方法以满足学生的个性化学习需求,且能够在富有创造性的课堂上做出决策的人,教师是无可取代的。

参考文献

Allen, I. E., & Seaman, J. (2011). *Going the distance: Online education in the United States, 2011.* San Francisco, CA: Quahog Research Group and Babson Survey Research Group. Retrieved from http://sloanconsortium.org/publications/survey/going_distance_2011

Althaus, S. L., & Tewksbury, D. (2000). Patterns of Internet and traditional news media use in a networked community. *Political Communication, 17*, 21–45.

Barseghian, T. (2012, January 18). Explosive growth in education apps. *MindShift.* Retrieved from http://ww2.kqed.org

Belson, W. A. (1961). The effects of television on the reading and the buying of newspapers and magazines. *Public Opinion Quarterly, 25,* 366–381.

Bernard, R. M., Abrami, P. C., Lou, Y., Borokhovski, E., Wade, A., Wozney, L., Huang, B. (2004). How does distance education compare with classroom instruction? A meta-analysis of the empirical literature. *Review of educational research, 74,* 379–439.

Boss, C. (2012, April 9). "Flipped" classes take learning to new place. *Columbus Dispatch.* Retrieved from http://www.dispatch.com

Cavanaugh, C. (2001). The Effectiveness of Interactive Distance Education Technologies in K-12 Learning: A Meta-Analysis. *International Journal of Educational Telecommunications, 7*(1), 73–78.

Clark, R. E. (1983). Reconsidering research on learning from media. *Review of educational research, 53,* 445–459.

Cohen, P., Ebeling, B., & Kulik, J. (1981). A meta-analysis of outcome studies of visual-based instruction. *Educational Communication and Technology Journal*, 29(1), 26–36.

Coley, L. N. (1997, September). Technology's impact. *Electronic School*, pp. A30–A33.

Digital schools: Can tablets replace teachers? (2013, September 10). *BBC News*. Retrieved from http://www.bbc.com/news/world-europe-24015255

Dixon, P., & Judd, W. A. (1977). A comparison of computer-managed instruction and lecture mode for teaching basic statistics. *Journal of Computer-Based Instruction*, 4(1), 22–25.

Finholt, T., & Sproull, L. S. (1990). Electronic groups at work. *Organization Science*, 1(1), 41–64.

Gray, L., Thomas, N., & Lewis, L., & Tice, P. (2010). *Teachers' use of educational technology in US public schools: 2009* (NCES 2010–040). Washington, DC: U. S. Department of Education, National Center for Education Statistics. Retrieved from http://nces.ed.gov/pubs2010/2010040.pdf

Hovland, C. I., Lumsdaine, A. A., & Sheffield, F. D. (1949). *Experiments on mass communication*. Princeton, NJ: Princeton University Press.

Kayany, J., & Yelsma, P. (2000). Displacement effects of online media in the socio-technical contexts of households. *Journal of Broadcasting & Electronic Media*, 44, 215–230.

Kaye, B., & Johnson, T. (2003). From here to obscurity? Media substitution theory and traditional media in an on-line world. *Journal of the American Society for Information Science and Technology*, 54, 264–274.

Khan, S. (2012, October 1). The rise of the tech-powered teacher. *Education Week*. Retrieved from http://www.edweek.org

Kulik, C., Kulik, J., & Cohen, P. (1980). Instructional technology and college teaching. *Teaching of Psychology*, 7, 199–205.

Kulik, J., Bangert, R., & Williams, G. (1983). Effects of computer-based teaching on secondary school students. *Journal of Educational psychology*, 75,19-26.

Kulik, J., Kulik, C., & Cohen, P. (1979). Research on audio-tutorial instruction: A meta-analysis of comparative studies. *Research in Higher Education*, 11,321-341.

Lazarsfeld, P. (1940). *Radio and the printed page*. New York, NY: Dell, Sloan & Pearce.

Levy, F., & Murnane, R. (2013). *Dancing with robots: Human skills for computerized work*. Retrieved from http://content.thirdway.org/publications/714/Dancing-With-Robots.pdf

Mayer, R. E. (2005). Cognitive theory of multimedia learning. In R. Mayer (Ed.), *The Cambridge handbook of multimedia learning* (pp. 31-48). New York, NY: Cambridge University Press.

McLuhan, M. (1964). *Understanding media: The extensions of man*. New York, NY: McGraw-Hill.

Medina, J. (2009, July 22). Laptop? Check. Student Playlist? Check. Classroom of the Future? Check. *New York Times*. Retrieved from http://www.nytimes.com

Mendelsohn, H. (Ed.). (1964). *Listening to radio*. New York, NY: Free Press.

Mitra, S. (2010, September 26). Can computer take the place of teachers? *CNN*. Retrieved from http://www.cnn.com/2010/OPINION/09/26/mitra.technology.learning

Molnar, M. (2013, August 27). New sites aim to help pick best ed-tech tools. *Education Week*. Retrieved from http://edweek.org

Montagnes, J. (1954, December 16). Will classroom TV replace teachers? *Eugene Register-Guard*.

Moore, M. (1994). Administrative barriers to adoption of distance education. *American Journal of Distance Education*, 8(3),1-4.

National Center for Education Evaluation and Regional Assistance. (2007). *Effectiveness of reading and mathematics software products: Findings from the first student cohort*. Retrieved from http://ies.ed.

gov/ncee/pdf/20074006. pdf

Oppenheimer, T. (1997, July). The Computer Delusion. *Atlantic Monthly*, p. 1. Retrieved from http://www.theatlantic.com

Quillen, I. (2012, August 7). Quality debated as districts tap tech over teachers. *Education Week*. Retrieved from http://www.edweek.org

Rao, L. (2012, January 19). Apple: 20000 education iPad apps developed; 1.5 million devices in use at schools. *TechCrunch*. Retrieved from http://techcrunch.com

Roschelle, J. M., Pea, R. D., Hoadley, C. M., Gordin, D. N., & Means, B. M. (2000). Changing how and what children learn in school with computer-based technologies. *Children and Computer Technology*, 10(2), 76–101.

Rotherham, A. J. (2012, January 26). Can computers replace teachers? *TIME*. Retrieved from http://ideas.time.com

Rubenstein, E., et al. (1973). *Television and social behavior: Technical report of the Surgeon General's Advisory Committee*, Vol. IV. Washington, DC: U.S. Department of Health, Education and Welfare.

Rubenstein, G. (2010, April 26). Ten tips for personalized learning via technology. *Edutopia*. Retrieved from http://www.edutopia.org

Schramm, W., Lyle, J., & Parker, E. (1961). *Television in the lives of our children*. Stanford, CA: Stanford University Press.

Sivin-Kachala, J., & Bialo, E. (2000). *2000 research report on the effectiveness of technology in schools* (7th ed.). Washington, DC: Software and Information Industry Association.

Sterling, C., & Kittross, J. (1990). *Stay tuned: A concise history of American broadcasting*. Belmont, CA: Wadsworth.

Strauss, V. (2012, June 3). The flip: Turning a classroom upside down. *Washington Post*. Retrieved from http://www.washingtonpost.com

Williams, T. (1986). *The impact of television*. New York, NY: Academic Press.

Zhao, Y. (2011). *A transmedia ecosystem for language learning: A concept paper*. Unpublished manuscript.

第二章 错误的应用

技术作为消费工具对技术作为创造和生产工具

技术可以被用作消费工具或作为创造和生产的工具。这两种方式分别源于两种本质上截然不同的假设,即学生是如何学习的,以及在使用技术时学生扮演什么样的角色。第一种方式假定学生主要通过接受和吸收现有的知识进行学习,他们是知识的消费者,而技术就是用来帮助他们更好地理解知识和提升学习结果的。相比之下,第二种方式则认为学生在学习中是最具决定性的创造者,学生通过创造项目和产品进行学习,他们在这个过程中形成新的知识,并且通常是在一个协作式的学习环境中交流、分享他们的经验、感受和想法。技术的作用就是增加学生在这个过程中的自主权和控制力。

这两种方式代表了将技术整合到学习中的两种截然不同的途径:一种是我们继续使用技术来维系教师们几个世纪以来一直沿用的教学方法(使用或不使用技术);而另一种是我们使用技术来帮助学生创造一个有趣的、丰富的、个性化的学习环境,从而极大地增强他们的学习体验。鉴于当今技术的不断发展以及计算机、互联网的触手可及,不论好坏,技术都能在上述任意一种方式中发挥非常重要的作用。

第一种方式：技术作为消费工具

如何看待人与计算机的关系决定了我们在这种关系中的角色定位。我们对技术的感情五味杂陈：一方面，我们热爱技术并深深地依赖着它。正是由于我们对技术的这份热爱和依赖，推动着信息技术不断飞速地发展与进步，同时也让我们对欣然接受技术革新报以极大的热情。另一方面，我们的内心深处又隐藏着对技术的怀疑和恐惧，我们害怕被技术取代或受到技术的操控，更害怕我们的文明会被技术摧毁。大众媒体生动地描绘了这种恐惧：从电影《大都会》(*Metropolis*)和《摩登时代》(*Modern Times*)中人类沦为机器的齿轮，到电影《鹰眼》(*Eagle Eye*)中计算机系统熟练地操纵人类去试图暗杀政府要员，到电影《黑客帝国》中计算机系统不仅控制了人类，还毁灭了人类，再到电影《我是传奇》(*I Legend*)和《机器人总动员》(*Wall-E*)中技术的发展几乎毁灭了整个人类和地球。

我们对技术的热爱与恐惧都被深深地植入到了教育领域。强烈倡导利用技术进行教育变革并以此引领我们"走向美国教育的黄金时代"，展示了我们对技术的热爱(US Department of Education, 2004)。这份热爱也体现在我们的集体信念中。正如国家教育政策所指明的那样，技术不仅仅是应对教与学中种种挑战的工具，也是经济竞争力中的变革推动者和中坚力量(Culp, Honey, & Mandinach, 2003)。

然而，我们对技术的恐惧更加深刻地根植于我们在学校的日常实践中。研究显示，人们不确定他们要用技术来做什么，而且他们通常对技术的使用持保守态度。父母们担心技术的使用会使他们的孩子在学习上分心(Hu,

2007)。学校的管理者们时常担心教职员工不愿意使用技术,也担心学生会接触到网络上的不健康内容,遭遇网络欺凌,或者违反安全规定。教师们则担心计算机可能会削弱他们的权威感,导致他们的教学领地丧失于破坏性的、侵入性的技术,正如"技术可以取代教师吗?"这个问题所表明的一样。今天,信息技术让全人类的知识变得无处不在、触手可及。因此,学生可以通过自己动手做研究获得关于某个特定主题更多的知识。因而教师的角色也就应该从教授者转变为促进者。可能不是所有的教师都乐于接受这种转变。

比如,近几年有一种正在发展的新技术趋势,即学生自带设备(Bring Your Own Device, BYOD)。这种趋势听起来不仅可行而且很有必要,因为目前很多学校都面临财务预算的削减,而学生自有的数字化设备却日趋普及。然而,大多数学校在接受这种解决方案之前还有很长的一段路要走。超过一半的学校仍然对学生施行"个人电子产品禁止携带入校"的禁令(Project Tomorrow, 2013)。学校的主要担忧包括承担责任、教师不堪重负、增长的学生欺骗行为等方面,或者仅仅是由于对未知的恐惧(Lai, 2012)。在一项由美国公共电视网(Public Broadcasting Service, PBS)开展的问卷调查中,14%的受访者认为,"技术正变得更像一根拐杖而不是它本来应该成为的样子"(VeraQuest, 2013, p. 9)。

对技术的这种恐惧是第一种技术应用方式的驱动力之一。自从技术被引入到课堂教学中,第一种方式就一直处于主导地位。21 世纪的开始标志着信息技术发展的一个重大转折。互联网的入口几乎遍及全球每个角落,与此同时,具有高度交互性的技术也渗透到了我们日常生活的方方面面。然而,我们现在很大程度上还在继续沿用第一种方式,即把技术当作工具,把学生当作知识的消费者的传统做法。此外,当前对标准化考试的推崇更是推动着我们在第一种方式的道路上渐行渐远。按照这种方式,将技术应用于教育的第一要务是帮助学生满足某项标准或者在某些标准化考试中取得好的成绩。

因此,不幸的是,每当教师们能够将某些教学职责交给技术工具去完成,从而有时间发挥自身作为传播者、促进者和反馈者的优势的时候,技术遗憾地沦为替教师简单地执行日常事务的工具。每当创造、发布和分享只需通过动动手指、点点鼠标就完事的时候,学生还在被当作技术的消费者而不是积极的创造者。每当技术可以提供有趣的、协作的、个性化的学习环境时,美好的期望又被放在提高学生的考试分数上。技术可以加强以学习者为中心的学习,但是大多数教师们仍然坚持自己是知识的权威并将他们的知识传递给学生。

但是第一种技术应用方式及其产生的运用教育技术的实践,对于儿童的未来成长而言往往是有缺陷的,甚至很可能是有害的。人类和技术在学习过程中的错位会持续阻碍我们认清技术的全部潜能。由于第一种方式把教师和技术放在了提供有效学习环境的对立面,因此它没能认识到教师其实可以将特定的教学职责交予技术,从而解脱出来全身心地去解决那些技术本身无法完成的任务,以及那些需要高阶思维和批判性思维才能解决的任务。将技术仅视为消费工具也无法帮助学生最大限度地利用现有技术的优势,从而发掘这些技术的潜能。当今的学生通常被称为"数字原住民"(Digital Natives,Prensky,2001),他们是现有技术的革新使用者和新技术的积极接纳者(Rideout,Foehr,& Roberts,2005)。他们不是被动的信息消费者,而是在数字世界中肩负着多重角色,包括"生产者"、"合作者"、"研究者"和"出版者"(Stead，2006，p.6)。我们有理由相信他们的"数字经验"不仅改变了他们交流、社交、娱乐的方式,而且从根本上改变了他们对待学习的方式(DeDe，2005；Prensky，2006)。此外,最近的神经科学研究发现,使用计算机、智能手机、电脑游戏和高级搜索引擎的广泛经历正在改变人的大脑结构,刺激大脑加速进化(Small & Vorgan，2008)。

另外,作为对教育技术进行大量投入的主要目标,把技术当作提高学生学业成果的工具可能也不现实,因为研究已经多次证明技术对学生考试分数的影响几乎微乎其微(Kenny，2013；Lei & Zhao，2007；Richtell，2011)。

加德纳和戴维斯(Gardner & Davis，2013)指出,人类从一开始就在使用各种各样的工具,并且从20世纪开始使用信息丰富(Information-rich)的技术。但是,数字媒体可能在能力和影响力方面呈现出"量子跃迁"(Quantum Leap)式的发展(p.13)。显然,如果我们仍然坚持第一种方式,即把技术仅仅当作工具,把学生主要当作信息的消费者,是不能让我们从当前数字媒体所提供的能力和影响力中获益的。相反,我们应该考虑一个替代性方法,即第二种方式:把学生视为数字世界的"创造者"、"生产者"和"领导者"。

建构主义:在创造和生产中建构

20世纪,人们对于教育的设想发生了一个重要转折,那就是不再把知识看作是一种可用于教授、接收、存储以及日后再检索的东西,很多学者认为知识是学生通过与物理环境和社会环境的交互,并通过重组他们的心智结构而主动构建的,学生能根据他们的原有经验主动构建新的知识。这种观点可以追溯到让·皮亚杰(Jean Piaget)的理论(Bruckman & Resnick, 1995)。建构主义方法主张学生应成为技术应用的设计者和领导者,其目的是培养学生的自治力、创造力及其对自身学习的责任感。同时,它也重新定义了教师在当今这个全球化、数字化世界中的角色。教师不应成为知识的权威,或者通过这些永无止境的技术产品教给学生某些知识,而是应该鼓励学生发掘和追求他们自己的学习兴趣,并通过选择适合不同学生的技术来设计和引导他们的学习,以提升学生的能力。再一次重申本文的主旨:不要让人去做机器的工作。相反,要帮助人与机器建立起一种伙伴关系,让他们做各自所擅长的事。

现代信息和通信技术(Information and Communication Technology, ICT)以多种方式支持着建构主义教学和建构主义学习。首先,ICT 使得为学生提供真实可靠的学习环境和学习过程成为可能。学生们可以使用技术来解决很多他们在日常生活中遇到的问题,比如完成家庭作业,搜寻课堂作业的相关资料,与朋友交流,发展个人兴趣爱好等等。威金斯(Wiggins, 1993)认为真实问题是非程式化的、复杂的、存在多种解决方案的问题。因此,解决问题的过程就是帮助学生探索不同解决方案的可能性和深入理解解决之道的一个思考性过程,这样学生就能用类似的方法去解决其他的问题。此外,ICT 不仅仅帮助学生去发现已存在问题的解决方法,还会改变他们每天必须要解决的问题。通过这个动态的过程,学生学会了如何去解决不断变化的、现实生活中的问题,同时也获得了对技术的功能可见性和局限性的理解。

其次,ICT 为学生提供了建构知识与真实产品的机会。技术支持学生以具体形式(比如各种程序、模型和假设检验工具)去建构和表现他们的理解和看法。ICT 让学生在反思和讨论中分享他们知识建构的过程,并增强他们的理解(如计算机支持下的协作学习)。ICT 使得学生能够在模拟真实环境(如模拟认知游戏)的学习情境中练习协同解决问题和做出决策。因此,技术定义了学习的参与特性,也让教育更大程度上以经验为基础。就像皮亚杰(2008)指出的那样,"要了解一个对象,就要采取行动。了解一个对象就要去修改、转化这个对象,并理解这一转化过程,最终去理解对象建构的方式"(p.34)。学生可以利用诸多可得到的、有效的且有吸引力的新兴技术,包括各式各样的 Web 2.0 工具,来创建项目、设计产品,并进行分享、讨论、检验和改进。

> 不要让人去做机器的工作。相反,要帮助人与机器建立起一种伙伴关系,让他们做各自所擅长的事。

第三,ICT 加强了学习的社会属性(Brown & Adler,2008)。通过围绕问题和行为的探讨与交互,技术实现了知识的社会建构。分享是建构主义学习中的一个重要的社会成分。分享作品不仅可以让作品本身得以改进,还能让学生从他人对该作品的意见及相关看法上获得更深入的理解(Evard,1996)。随着社交媒体的不断涌现,如博客、在线聊天软件、YouTube、脸书(Facebook)和维基等,ICT 史无前例地使用户轻松地拥有最广大的听众成为可能。比如,最近一项由皮尤研究中心(Pew Research Center)的网络与美国人生活项目(Internet & American Life Project)实施的调查发现,在参与预修课程和全国写作项目的 2 462 名教师中,有 96% 的受访教师认同数字技术"允许学生将他们的成果分享到更广的、更多的受众中",79% 的受访教师认同这些工具"促进了学生之间更多的合作"(Purcell, Buchanan,

& Friedrich，2013，para. 2)。据教师们所言，学生通过将他们的作品传播给更广大的受众来得到更多同侪的反馈，这将进一步激励他们"在写作中投入更多的精力且更专注于写作过程"(Purcell et al. 2013，para. 4)。

此外，技术可以适应于不同背景的学生，并让他们在建构主义学习过程中变得更加自主。现代ICT让我们有机会真正实现我们期望已久的个性化学习——可定制的、可满足个体需要的、可根据个体能力进行调节的、支持个体学习风格的学习。技术让教育领域日趋多样化，因而也为学习者提供了更多的选择，如不同类型的学习材料、多重的学习途径和多样化的学习评价方式。因此，技术使学习者生成的学习内容得以创建，由此学习者可以通过生成、筛选和利用他们身边的资源来创造一个能满足他们个性化学习需求的学习生态系统(Luckin，2010)。技术有助于学习者访问更丰富的学习资源，并充当学习者"更有能力的伙伴"，从而促进学习者利用身边的资源进行有意义的建构。

创客空间运动是现代ICT支持建构主义学习的范例。植根于技术驱动的、强调学习要在社会环境中"从做中学"的创客文化、创客运动在大学校园和中小学校中日趋流行。创客空间是一个"儿童、青少年、成人和全家人可以在一起尽情修补、设计和创造"的物理场所。从木工活、石膏造型到电子元器件制作、3D打印，创客空间运动鼓励学生动手实验，开展开放式探究活动，并认为犯错是学习的一个好方法(New York Hall of Science，n. d.)。创客空间是一个真正意义上的建构主义学习环境：它是一个社会化学习环境，学生在其中协作开展项目、分享观点、互相帮助和学习。它支持动手实践的项目并强调作品的创作及其过程。它是一个非正式学习环境，学生可以从专家和同伴那里得到建议。所有的项目都是真实且相关的，因为学生能选择他们最感兴趣的项目并着手去做,学生可以研究机器人技术或电影制作。它是一个激发好奇心,培养创造力和支持创新的场所,因为学生可以掌控他们自己的项目,尝试体验作为设计者、问题解决者和创造者的角色。世界各地的学校都在开设创客空间,学生们在这里从事各种技术项目,从机器人技术、电影制作、网页设计到3D打印、动画制作、数字建造(Roscorla,2013)。在这个案例中,技术支持了创客空间中的建构主义学习,并扩展了学生探究的可能性。

维基百科:一个创作和生产的大众项目

2012年,初版244年后的今天,大英公司(Britannica)将停止印刷它标志性的《大英百科全书》(*Encyclopedia Britannica*)——世界上最负盛名的百科全书,这一变化被认为是一个时代的终结(Pepitone,2012)。免费、开放、在线的百科全书的日益兴起,终结了《大英百科全书》的时代。其中最有影响力的是维基百科(Wikipedia),它是世界上最大的在线百科全书。

以下是《大英百科全书》与在线的维基百科之间的鲜明对比:

- 词条的数量:65 000 对 30 000 000(还在不断增长中)
- 可用的语言种类:1 种对 287 种(截至目前为止)
- 用户的数量:几千人或至多几百万人对 12 亿人(还在不断增长中)
- 更新的频率:数年至数十年更新一次对不断地更新
- 访问的花费:上千美元对免费
- 词条贡献者:知名专家对任何人

尽管存在这些鲜明的对比,维基百科同样具备让《大英百科全书》成为最负盛名的百科全书的品质：可靠性。2005年，发表在《自然》(Nature)杂志上的一篇文章比较了《大英百科全书》和维基百科上的科学词条，结果表明尽管维基百科上有些词条写得不好，但是两者的科学词条有着相似的概念错误率和事实错误率(Giles，2005)。

有着超过1 900万来自世界各地的注册词条写作者的维基百科，可能是有史以来最大的在线创作与生产项目。数百万被称为"维基人"的志愿者们，不仅贡献着维基百科的词条，而且也积极地通过维基百科的多种渠道参与对话，这些渠道包括讨论页面、元页面、声明页面、邮件列表和在线聊天系统等。他们是维基百科社群的活跃分子。

维基百科创始人吉米·威尔士(Jimmy Wales)的话很好地诠释了维基百科的灵魂："想象一个这样的世界，每个人都能免费访问全人类的知识。"("Jimmy Wales"，n. d.)这种精神通过维基得以实现。维基是一个内容管理系统，允许不同的用户贡献和编辑词条，从而实现协同工作。维基允许用户随时随地创建、修改和移除在线信息(Rosen & Nelson，2008)。通过具体的维基站点，用户可以轻松地在网上公开地分享信息，也能轻易地从维基百科上访问那些信息。

在世界范围内，维基作为团体和个人的协作工具，已经被广泛地用在课堂活动中，如写作、英语语言艺术方法、日耳曼神话(Lazda-Cazers，2010；Matthew，Felvegi，& Callaway，2012；Oatman，2005)以及语言学习(Mak & Coniam，2008)。它允许"学生共同加入知识建构的社区"(Jonassen，Howland，Marra，& Crismond，2008，p. 105)，在这个社区中他们能提升自己的批判性思维能力(Snodgrass，2011)。维基的特色功能之一就是历史记录和修订记录，这使得用户可以检查他们先前的工作，或者将自己的工作与团队中其他成员的工作进行比较,以及进行在线协商(Hemmi, Bayne, & Land, 2009)。随着在使用维基进行交流和协商的过程中学习环境的形成,研究者们认为维基百科对发展教师知识管理的过程也有帮助(Biasutti & EL-Deghaidy, 2012)。

维基在与其他方式相结合时也非常有用。比如,在芬兰、希腊和加拿大讲授的一门知识管理课程中,结合使用了维基和屏幕捕捉视频。学生可以在维基中发布自己的视频,主动地与其他同学分享自己的知识,并学习其他同学上传的视频(Makkonen, Siakas, & Vaidya, 2011)。奥塔曼(Oatman, 2005)报道了纽约的一名小学教师如何利用维基来提高学生的写作能力,以及如何利用维基来鼓励学生向学校的网络新闻投稿。三年级教师莎拉·昌西(Sarah Chauncey)建立了个人维基,以便她的学生能够有"一个集体的、有趣的空间"去练习写作(Oatman, 2005, p. 52)。此外,作为一个评价工具,维基被用来促进以学生为中心的学习(Lazda-Cazers, 2010)。

维基也许最能代表本科勒(Benkler, 2006)所提倡的这样一种新趋势,即"效率的提升,大规模的努力合作——大众生产的信息、知识和文化"(p.5)。这些努力正扩大到很多领域,得到了不同平台的支持,并被广泛用于不同的目的。除了维基百科,维基百科基金会还独自拥有其他几个项目,如维基词典、维基图书、维基新闻、维基学院、维基语录、维基共享资源、维基物种和维基导游等。

用户生成的内容如维基等,已经充斥于互联网并正在塑造网络空间的本性及其发展方向,以及在线活动对真实世界的影响。在这个过程中,用户是内容的创作者、产品的生产者、在线社区的活跃成员和领导者,是充满活力的企业家。以 YouTube 为例。作为一个成立于 2005 年的免费视频分享网站，YouTube 已经成长为世界上第三大最受欢迎的网站，每分钟有 100 小时的视频被上传，每个月有 10 亿的独立用户。由于广受欢迎，YouTube 的影响力迅速上升并渗透到了离线世界。比如，美国《公告牌》(*Billboard*) 杂志最近把 YouTube 的流式数据增加为计算排行榜热度前 100 名和其他相关排名的一个因素(Billboard Staff, 2013)。《福布斯》(*Forbes*) 杂志上一篇题为《YouTube 音乐奖：为什么艺术家应该关注》的文章声称：在数字时代，艺术品必须在 YouTube 和社交媒体中引起共鸣(Thayer, 2013)。

像 YouTube 这样的免费分享网站和像维基与博客这样的开源软件平台，使得人们可以空前容易地去寻找有关任何主题的资源，与人分享和合作、去贡献和创造，在网络空间中发表自己的观点，使自己的作品被他人观看和评价。这些技术使用户变得更强大，使他们从信息的消费者转变为信息的创造者、在线过程的参与者、在线社区的贡献者，以及新项目和产品的革新者。技术也为革新者将自己的作品商业化提供了平台和可能——无论这个作品是一首歌、一段视频、一个创意、一个项目，还是一项专业技能——从而将用户转变为企业家。

创造和制作的新流派：数字故事、推特、博客、视频和机器人

表达和交流想法、感受及观点是我们作为一个身心健康的人最基本和最基础的需求。我们进行交际时可用的媒体决定了我们交际的方式、交际圈的人数、聊天记录保存时间的长短，以及我们如何接受回复。在包括印刷术在内的任何现代技术出现之前，人们主要通过面对面的口头和肢体语言进行交流，这种交流仅限于少量的人。印刷术的发明是传播史上的一次质的飞跃,它让人可以跨越时空进行交流。近代更加先进的通信技术如广播、电话、电视及电影等的发明,使交流的手段和影响显著多样化。

互联网已经从根本上改变了交流的本质。在过去,公众传播在本质上是一种单向信息流。一端是少数博学的权威,或者是那些拥有权力、专业技能或者必要资源的人,而另一端则是接收信息的公众。出版文稿的高额费用决定了只有那些被认为有巨大价值的,或者是知名人士撰写的或者是经过严格同行评审的作品才能够被出版。那些没有达到某种标准的或者缺乏资源的作者的作品往往"消失"了。此外,信息的发送者和接收者之间极少或者根本没有互动。比如,读者对某本书有自己的想法,但是他们的想法无关紧要,除非他们能撰写并发表关于该书的书评(只有极少的人会这么做)。类似地,广播和电视的观众可能对正在讨论的话题提出了建议,但除非付出特别的努力,否则这些建议不会被听取。

然而,在互联网时代,可以有多种方式进行交流,并有多方参与。凡是能够接入互联网的人都能发表意见、分享故事、倾诉心声,并有多种不同的方式去做上述这些事情。数字故事(Digital Storytelling)、推特、脸书和博客只是日趋多元化的提供表达和分享场所的几个例子而已。年轻人尤其是青少年,是这些新场所中最狂热的用户。模拟与游戏等技术、虚拟社区,以及互联网和多媒体在人们生活中扮演着越来越重要的角色,人们通过玩游戏、听音乐、讲故事等活动为生活创造新的意义。

数字故事已经成为创造和分享的一种新的流派。丹尼尔·平克(Daniel Pink,2005)指出,讲故事(Storytelling)是我们在新的时代必须依赖的由右脑主导的思维天赋之一。互联网和多媒体已经显著地改变了这个由来已久的实践。学生可以使用文本、声音、图片、视频、超链接、模拟实验和卡通等多样化的媒体来创作数字故事,以表达他们的感受,交流他们的观点,探索某个特定的话题,或者仅仅是讲一个故事。他们可以和自己的亲朋好友分享这些数字故事,或者将它们发布到网上供数以万计的人观看、阅读、欣赏和评论。

年轻人用于创作和分享的另一种新途径就是博客。通过博客,用户能够与他人进行在线分享和交流,或者保存可以被 Web 用户关注的个人日志(Blood,2002)。博客帖子(Blogposts)可以被分享和超链接到其他博客及网站中,同时读者能够对每个帖子发表评论(Blood,2002;Du & Wagner,2007)。自从 1997 年博客正式发布以来,出现了许多内容(博客)管理工具,如 Blogger、Blogspot 和 WordPress 等,它们支持用户设计和创建自己的博客。用户也能够评论和回复其他人,并且能够自定义布局和插件来更好地满足自己的需要。

博客在教育环境的所有情境中都很有用。在大学图书馆,博客能被用于数据分享(Vogel & Goans,2005),也能替代无纸化的数字化教室(Du & Wagner,2007;Skiba,2006)。博客可作为工具来增强写作能力和合作学习(Du & Wagner,2007;Richardson,2005;Skiba,2006),提高社会交互度(Dickey,2004),以及增进师生之间的收获与交流(Poling,2005)。

比如,我们来见见位于美国洛杉矶(Los Angeles)郊区一所学校的尤里斯(Yollis)女士教的小学 3 年级的学生。在他们的"遇见博主"(Meet the Bloggers)的页面上,我们发现 22 个孩子——11 个女孩和 11 个男孩,他们都有多种爱好,但是他们毫无例外地爱上了写博客。在班级博客中(http://yollisclassblog.blogspot.com),学生们记录了他们的暑假生活、他们正在阅读的书、他们自己的故事和经历等。在"家庭博客月"(Family

Blogging Month)中,学生们会让他们的家庭成员和亲戚参与到博客活动中。学生们的博客有超过 160 万的访问量,其中许多访问者来自美国以外的国家和地区,包括欧洲、大洋洲、亚洲和非洲的一些国家和地区。这些博主们甚至通过谷歌环聊(Google Hangout)在线出席了在美国得克萨斯州(Texas)举办的谷歌峰会,并与观众分享了他们的博客项目以及从写博客中学到的东西。

今天,博客技术已经日趋成熟,并为学生们提供了一个创新和分享的平台。比如,水滴(Drupal)是一个免费且开源的后台系统管理平台,用于支持个人或社团创建并维护他们的网站,包括个人博客、网络论坛、播客、图片库以及企业网站等。用户可以在他们的网站上发布、编辑和管理信息。在澳大利亚,一门由斯温伯恩大学(Swinburne University)开设的在线天文学课程就运行在由水滴管理平台搭建的网站上(Barnes et al.,2008)。Gaggle 是另一个开源的软件框架,它为 K-12 教师、学生和家长提供了一个在安全在线环境下进行交互的机会。除了可以写博客,Gaggle 还包含了许多其他有用的工具,如日历共享、云存储(Dropbox)、讨论板、数字保险箱、在线文档编辑、短信编辑,以及过滤后的 YouTube 访问等。比如,美国佛罗里达州(Florida)的罗宾逊高中(Robinson High School)在数字设计课堂中使用 Gaggle 来编辑文档和开展协作(Akinrefon,2012)。

学生在技术方面的创造不仅仅局限于网络世界。机器人和 3D 打印只是其中几个例子。Tech E Blog 网站总结了学生使用技术进行创新的前 10 名,从手机控制的牵引器到核反应堆等("Top 10 student inventions",2011)。比如,来自纽约州、密歇根州(Michigan)、伊利诺伊州(Illinois)和加利福尼亚州的青少年使用乐高玩具(Legos)和计算机建造的机器人来收集并装配火箭的零部件,或者帮助人类完成太空任务,他们代表美国参加机器人奥林匹克竞赛(Robot Olympiad)的资格竞争(Lawrence,2014)。建造一个机器人是一项协作性很强的工作,往往需要具有不同专门技能的人共同参与。这是一项复杂的任务,通常包括深入的设计、编程、组建和调试,并且这个过程在机器人最终完成之前要重复很多遍。每个步骤都包括创造性地分析任务和制定解决方案。在世界各地,学生正在创造可以用来解决实际问题的机器人,比如可以清洁太阳能电池板的机器人(Singh,2014),或者可以帮助8岁男童进行运动的机器手(Boccella,2014)。类似地,其他的一些学生技术创新也对生活产生了实际影响。比如,4名来自美国波特兰州立大学(Portland State University)的学生协作建造了一个计算机辅助的药丸识别仪。这项发明不仅可以拯救生命,而且使它的发明者获得了2012年的美国康奈尔杯(Cornell Cup USA)全国设计竞赛奖(Budnick,2012)。

作为创造者和制作者的多元化需求

约翰·杜威认为人有4种自然冲动:探索和发现事物、运用语言从而进入社交圈、建造或制作东西以及表达情感和思想。基于杜威的观点,布鲁斯和莱文(Bruce & Levin,1997)提出了一个技术分类,用来识别建立在人类学习和成长的自然冲动基础上的4种主要功能:技术作为媒介进行探索、交流、建构和表达。他们同时概述了使用技术让学生进行探索、交流、建构和表达的

> 对于那些能够积极并创造性地投身于数字世界的学生而言,他们作为创造者和制作者的多元化需求必须要被满足。

具体方式。今天，这样的分类方法依然很有意义，不同之处是当今的技术在每一方面都提供了更多的可能性，从而使得学生能够扮演创作者、生产者、领导者和企业家等多种角色。

我们都有着与生俱来的创新和创造的潜力，但是大多数人需要在合适的环境中经过大量的实践才能熟练运用。对于那些能够积极并创造性地投身于数字世界的学生而言，他们作为创造者和制作者的多元化需求必须要被满足。

首先，不用说，能够访问是数字化参与的一个最基本的方面。当我们在学校接触技术的机会大大增多的时候，具有讽刺意味的是技术本身却成为了一个不公平的领域。可以接触到技术的学生与无法接触到技术的学生之间的鸿沟正在逐步加大。富裕的家长和孩子可以经常访问互联网资源、电子参考文献以及电子商务与互动工具，但是家庭条件不好的学生只能访问有限的技术和电子资源。根据之前提到过的2013年对预修课程和全国写作项目的教师进行的调查，84%的受访教师认为技术加大了不同学校之间的差距(Purcell et al., 2013)。只有54%的教师认为，所有或几乎所有的学生在学校里都有足够的数字化工具访问权限。只有28%的教师认为只有少数或几乎没有学生在家里有权限访问互联网和其他所需的数字化工具来有效地完成学校作业。数字鸿沟的问题必须要解决，因为家庭条件不好的学生不仅否认技术带来的常规益处，而且他们经常因为不熟悉或较少接触技术而导致无法理解技术。

其次，为学生提供大量的技术选项很重要，这样就可以探索出那些可能适合学生的技术。当今的技术为学生探索、交流、建构和表达提供了无限的机会。即便是达到同样的目的，也存在多种多样的技术工具和环境来供师生选择。比如，为了增加课后与学生们的互动，奥德赛特许高中（Odyssey Charter High School）的教师尝试了不同的网络社交工具。他们首先尝试了脸书群组，发现学生能在其中开展高质量的讨论。然而，由于脸书要求用户加入群组时提供个人信息，考虑到与之相关的安全性，他们不得不舍弃脸书群组这一网络社交工具。取而代之的是一个名为 Ning 的网络。它允许师生以一种与其他媒体相比更加随意自然的方式进行交流。同时它也为学生各种课程的学习活动提供支持，允许学生制作项目网页，或者和其他同学参与在线讨论（Barbour & Plough, 2009）。在另一所学生家庭收入较低的高中，学生利用社交网站来学习 21 世纪技能。学生认为自己通过使用 MySpace 获得了专门技能，这些技能主要是在非正式场合里独立地或从朋友那里习得的。一些学生通过他们 MySpace 页面上的有关内容和功能，展示了自己在学校习得的专门技能的更多证据，如视频剪辑等（Greenhow & Robelia, 2009）。

第三，为了能让学生从当今技术提供的丰富资源和机会中获益，学校必须找到一种更好的方式来实现安全的需要与为学生提供最好学习机会的需要之间的平衡。有太多的学校投入大量资金为师生购买先进的技术设备，希望实现学习的变革；与此同时，学校又出于对安全的考虑封锁了大量的资源。过滤和封锁或许并不能有效地保护学生免受网络的侵害，但它们却有效地减少了学生更好地探索、交流、建构和表达的机会。比如，最有名和最具影响力的教育网站之一的可汗学院，有超过 100 000 个主题的成千上万的教学视频放在 YouTube 网站上，但该网站普遍被学校封锁。

第四，教师必须与技术建立良好的关系，只有这样教师才能借助技术的力量，发挥最大的作用，并为学生创造最好的学习体验。认识到技术和教师都是学习的有力促成者这点很重要(Luckin，2010)，而且要依据在具体学习任务中对两者优势的批判性分析来决定教师和技术在教学过程中所扮演的角色。比如，技术具有很多优势，包括为学生学习提供激励手段，在人类无法企及的环境下运行，提供大量资源，增强学生在学习过程中的话语权和自主性，以及支持多样化的学习等。但技术在支持学习的社会性方面则显得力不从心，比如师生之间的合作与互动、价值观获取以及思维发展等(Salomon，2011)。甚至即使某个教学步骤是由技术来主导，教师依然能在简化学习、搭建脚手架和最大程度增进学习体验方面起关键作用(Kim & Hannafin，2011)。因此，平衡技术和教师在教育过程中的角色，是合理利用学习资源，最大化发挥技术在学习中的潜力的根本。

最后，学生必须与技术建立良好的关系。学校应该为学生提供职业生涯与技术教育项目，让学生通过使用技术成为发明者与创造者。学生可以从明确一个问题或一个特定想法开始，然后比较可能的解决方案，确定可利用的资源，研发技术产品，甚至为产品做广告或者在网上售卖产品。通过这样的过程，学生变得富有创新精神，成为足智多谋的问题解决者，今后有可能成长为企业家。

当今的学生生活在一个前所未有的充满惊喜与挑战的时代。新一代的社会公民必须为能够合格地、成功地融入数字化时代做好准备。虚拟世界与传统的物质世界相比有着根本上的不同，包括参与其中时要用到的工具、管理活动的规则，以及参与的结果。然而，这些工具的多媒体特性需要使用者具备传统语言能力以外的更多不同的技能。21世纪的合格公民应该对虚拟世界的特性有充分的认识，对虚拟世界的复杂性持有积极态度，同时应该具备创造技术产品和服务的能力，从而参与并领导这些活动。我们将在

第四章对这个话题做更深入的探讨。

参考文献

Akinrefon, T. (2012). Gaggle: The Safe LMS. *Distance Learning*, 9(3), 21.

Barbour, M., & Plough, C. (2009). Social networking in cyberschooling: Helping to make online learning less isolating. *TechTrends*, 53(4), 56–60.

Barnes, D. G., Fluke, C. J., Jones, N. T., Maddison, S. T., Kilborn, V. A., & Bailes, M. (2008). Swinburne astronomy online: Migrating from "PowerPoint" on CD to a Web 2.0 compliant delivery infrastructure. *Australasian Journal of Educational Technology*, 24(5), 505–520.

Benkler, Y. (2006). *The wealth of networks: How social production transforms markets and freedom*. New Haven, CT: Yale University Press.

Biasutti, M., & EL-Deghaidy, H. (2012). Using Wiki in teacher education: Impact on knowledge management processes and student satisfaction. *Computers & Education*, 59, 861–872.

Billboard staff. (2013). Hot 100 news: Billboard and Nielsen add YouTube video streaming to platforms. *Billboard*. Retrieved from http://www.billboard.com/articles/news/1549339/hot-100-news-billboard-and-nielsen-add-youtube-video-streaming-to-platforms

Blood, R. (2002). *The weblog handbook: Practical advice on creating and maintaining your blog*. Cambridge, MA: Perseus.

Boccella, K. (2014). Westtown students create robotic hand for 8-year-old. *Philly.com*. Retrieved from http://articles.philly.com

Brown, J. S., & Adler, R. P. (2008). Minds on fire: Open education, the long tail, and learning 2.0. *Educause review*, 43(1), 17–32.

Bruce, B., & Levin, J. A. (1997). Educational technology: Media for inquiry, communication, construction, and expression. *Journal of educational computing research*, 17(1), 79–102.

Bruckman, A., & Resnick, M. (1995). The MediaMOO Project: Constructionism and professional community. *Convergence*, 1(1), 94–109.

Budnick, N. (2012, May 17). Portland State University students' invention tops the field at national engineering competition. *The Oregonian*. Retrieved from http://www.oregonlive.com

Culp, K. M., Honey, M., & Mandinach, E. (2003). *A retrospective on twenty years of education technology policy*. Washington, DC: U. S. Department of Education, Office of Educational Technology. Retrieved from http://www.ed.gov/rschstat/eval/tech/20years.pdf

DeDe, C. (2005, January 1). Planning for neomillennial learning styles. *Education Review*. Retrieved from http://www.educause.edu

Dickey, M. (2004). The impact of web-logs (blogs) on student perceptions of isolation and alienation in a web-based distance-learning environment. *Open learning*, 19, 279–291.

Du, H., & Wagner, C. (2007). Learning with weblogs: Enhancing cognitive and social knowledge construction. *IEEE Transactions on Professional Communication*, 50(1), 1–16.

Evard, M. (1996). A community of designers: Learning through exchanging questions and answers. In K. Kafai & M. Resnick (Eds.), *Constructionism in practice: Designing, thinking, and learning in a digital world* (pp. 223–240). Mahwah, NJ: Lawrence Erlbaum.

Gardner, H., & Davis, K. (2013). *The app generation: How today's youth navigate identity, intimacy, and imagination in a digital world*. New Haven, CT: Yale University Press.

Giles, J. (2005). Internet encyclopedias go head to head. *Nature*, 438, 900–901.

Greenhow, C., & Robelia, B. (2009). Informal learning and identity formation in online social networks. *Learning, Media and Technology*,

34(2),119-140.

Hemmi, A., Bayne, S., & Land, R. (2009). The appropriation and repurposing of social technologies in higher education. *Journal of Computer Assisted Learning*, 25(1),19-30.

Hu, W. (2007, May 4). Seeing no progress, some schools drop laptops. *New York Times*. Retrieved from http://www.nytimes.com

Jimmy Wales. (n.d.). *Wikiquote*. Retrieved from http://en.wikiquote.org/wiki/Jimmy_Wales

Jonassen, D., Howland, J., Marra, R. M., & Crismond, D. (2008). *Meaningful learning with technology* (3rd ed.). Upper Saddle River, NJ: Pearson/Merrill Prentice Hall.

Kenny, C. (2013, November 11). The false promise of classroom technology. *Business Week*. Retrieved from http://www.businessweek.com

Kim, M. C., & Hannafin, M. J. (2011). Scaffolding 6th graders' problem solving in technology-enhanced science classrooms: A qualitative case study. *Instructional Science*, 39,255-282.

Lai, E. (2012, July 16). Infographic: The ten things we fear (and love) about BYOD. *Forbes BrandVoice*. Retrieved from http://www.forbes.com

Lawrence, E. D. (2014, September 27). Students hope to represent U.S. in Robot Olympiad. *USA Today*. Retrieved from http://www.usatoday.com

Lazda-Cazers, R. (2010). A course wiki: Challenges in facilitating and assessing student-generated learning content for the humanities classroom. *Journal of General Education*, 59(4),193-222.

Lei, J., & Zhao, Y. (2007). Technology uses and student achievement: A longitudinal study. *Computers & Education*, 49,284-296.

Luckin, R. (2010). *Re-designing learning contexts: Technology-rich, learner-centered ecologies*. Abingdon, UK: Routledge.

Mak, B., & Coniam, D. (2008). Using wikis to enhance and develop writing skills among secondary school students in Hong Kong. *System*,

36,437-455.

Makkonen, P., Siakas, K., & Vaidya, S. (2011). Teaching knowledge management by combining wikis and screen capture videos. *Campus-Wide Information Systems*, 28,360-366.

Matthew, K. I., Felvegi, E., & Callaway, R. A. (2012). Wiki as a collaborative learning tool in a language arts methods class. *Australian Educational Computing*, 27(1),39-47.

New York Hall of Science. (n. d.). *Maker Space@NYSCI*. Retrieved from http://makerspace.nysci.org

Oatman, E. (2005). Make Way for Wikis. *School Library Journal*, 51 (11),52-54.

Pepitone, J. (2012, March 24). Encyclopedia Britannica to stop printing books. *CNN*. Retrieved from http://money.cnn.com

Piaget, J. (2008). Development and learning. In M. Gauvain & M. Cole (Eds.), *Reading on the development of children* (5th ed., pp. 33-41). New York, NY: Worth.

Pink, D. H. (2005). *A whole new mind: moving from the information age to the conceptual age*. New York, NY: Penguin.

Poling, C. (2005). Blog on: building communication and collaboration among staff and students. *Learning & Leading with Technology*, 32 (6),12-15.

Prensky, M. (2001). Digital natives, digital immigrants. *On the Horizon*, 9(5),1-6.

Prensky, M. (2006). Listen to the natives. *Educational Leadership*, 63 (4),8-13.

Project Tomorrow. (2013). *From chalkboards to tablets: The emergence of the K-12 digital learner*. Retrieved from http://www.tomorrow.org/speakup/SU12_DigitalLearners_StudentsTEXT.html

Purcell, K., Buchanan, J., & Friedrich, L. (2013). *The impact of digital tools on student writing and how writing is taught in schools*. Retrieved from http://www.pewinternet.org/2013/07/16/the-impact-of-digital-tools-on-student-writing-and-how-writing-is-taught-in-schools

Richardson, W. (2005). New Jersey high school learns the ABCs of blogging. *T. H. E. Journal*, *32*(11), 40.

Richtell, M. (2011, September 3). In classroom of future, stagnant scores. *New York Times*. Retrieved from http://www.nytimes.com

Rideout, V. J., Foehr, U. G., & Roberts, D. F. (2005). *Generation M: Media in the lives of 8-to 18-year-olds*. Washington DC: Kaiser Family Foundation. Retrieved from http://kff.org/other/event/generation-m2-media-in-the-lives-of

Roscorla, T. (2013). *Why the "maker movement" is popular in schools*. Retrieved from http://www.centerdigitaled.com/news/Maker-Movement-Popular-Schools.html

Rosen, D., & Nelson, C. (2008). Web 2.0: a new generation of learners and education. *Computers in the Schools*, *25*, 211–225.

Salomon, G. (2011). *Technology and education in the age of information*. Haifa, Israel: Zmora-Bitan.

Singh, T. (2014). *Students create award-winning robot that cleans solar panels*. Retrieved from http://inhabitat.com/students-create-award-winning-robot-that-cleans-solar-panels

Skiba, D. (2006). Web 2.0: next great thing or just marketing hype? *Nursing Education Perspectives*, *27*, 212–214.

Small, G., & Vorgan, G. (2008). *iBrain: Surviving the technological alteration of the modern mind*. New York, NY: Riverhead.

Snodgrass, S. (2011). Wiki activities in blended learning for health professional students: Enhancing critical thinking and clinical reasoning skills. *Australasian Journal of Educational Technology*, *27*, 563–580.

Stead, G. (2006). Mobile technologies: Transforming the future of learning. In A. Printer (Ed.), *Emerging technologies for learning* (pp. 6–15). Coventry, UK: British Educational Communications and Technology Agency.

Thayer, K. (2013). The YouTube Music Awards: Why Artists Should Care. *Forbes*. October 29, 2013. http://www.forbes.com/sites/

katherynthayer/2013/10/29/the-youtube-music-awards-why-artists-should-care

Top 10 student inventions. (2011). *TechEBlog*. Retrieved from http://www.techeblog.com/index.php/tech-gadget/top-10-student-inventions

US Department of Education. (2004). *Toward a new golden age in American education: how the internet, the law, and today's students are revolutionizing expectations*. Washington, DC: Author.

VeraQuest. (2013). *Teacher technology use*. Retrieved from http://www.scribed.com/doc/123797788/Teacher-Technology-Usage-2013

Vogel, T., & Goans, D. (2005). Delivering the news with blogs: The Georgia State University library experience. *Internet Reference Services Quarterly*, 10(1), 5-27.

Wiggins, G. P. (1993). *Assessing student performance*. San Francisco, CA: Jossey-Bass.

第三章　错误的期望

用技术提升考试分数对用技术提供更好的教育

如果你仅有的工具是一把锤子,那么你很容易把每件事都设想成一颗钉子。

——亚伯拉罕·马斯洛(Abraham Maslow,1966,pp. 15 – 16)

尽管马斯洛没有说,但其蕴含的道理是如果你认为钉子是你唯一的问题,那么所有事情看起来就都像一把锤子,而这就是目前美国教育领域正在发生的事情。过去30年来,一个被媒体广泛报道的事实是美国学龄儿童的学业成绩普遍较差。常见的显示美国学生学业成绩低的指标是一些国际标准,如国际学生评估项目(Program for International Student Assessment,PISA)和国际数学与科学评测趋势(Trends in International Mathematics and Science Study, TIMSS)。在2012年的PISA测试中,美国学生在数学科目上的得分世界排名26,在科学项目的得分上排名21,在阅读项目的得分上排名17;在2011年的TIMSS测试中,美国学生在4年级和8年级的数学得分上分别排名15和24(National Center for Education Statistics,2011)。较低的考试分数被认为是美国教育问题的症结,用马斯洛的话来说，就是"钉子"。因此，找到一把"锤子"来提高考试分数被认为是教育领域的一个美好的目标。寻找"锤子"的戏码在教育领域无处不在。各种不同类型的学校（如公立学校、私立学校、网络学习、特许学校和来自其他国家的学校）、人员（如教师、管理者、教练）和资源（如职业发展、技术）都被视为潜在的"锤子"。

这种找寻"锤子"的体制从根本上扭曲了技术在教学中的应用。技术被很多人寄希望于用来解决提升考试分数这一似乎迫切的需求。这项技术能否提高考试分数？这项技术能否提升学生在国际标准测试中的表现？这种期望错误地将教育等同于考试成绩。这种对教育的极其狭隘的定义应该被纠正过来。技术应该被更好地应用而不是仅仅用于提升考试分数。这种更好地应用包括但不限于电子课本、个人学习网络、协作、个性化学习体验，以及促进学习。

技术能否提升考试分数？不要让错误的问题指导我们的技术应用

对技术价值的质疑声此起彼伏。针对教育技术的怀疑和失望很大程度上源于没有证据能够证明技术能够显著提高考试分数。比如，《纽约时报》（*New York Times*）的一篇文章就对教育技术的投资是否值得进行了质疑（Richtel，2011）。文章指出，作为美国亚利桑那州（Arizona）技术整合的革新者，凯里尼（Kyrene）校区用于技术的预算颇受质疑，因为其阅读和数学分数一直停滞不前，而全州的分数已经上升了。凯里尼校区覆盖了从幼儿园到8年级的18 000名学生，这些学生大部分来自坦佩市（Tempe）、凤凰城（Phoenix）和钱德勒市（Chandler）。凯里尼校区被美国全国学校董事会协会(National School Boards Association)认定为技术整合的模范校区,并赢得了广泛的赞誉。2008年,美国全国学校董事会协会安排了来自17个州的100名教育工作者观摩凯里尼校区是如何成功地、创新性地开展技术与课程整合的。在以技术为中心的课堂中,"学生俯身在笔记本电脑前忙碌着,他们以莎士比亚(Shakespeare)戏剧中的人物的名义忙着写博客或者创建脸书主页"(para. 2)。"笔记本电脑装饰着整个教室,大型交互屏幕和软件让学生在每门基础科目上进行练习"(para. 3)。然而,和考试分数比起来,这些都不能被看作是有效测量学业表现的指标。当凯里尼校区的考试分数变得不尽如人意时,该校区再次向当地选民寻求7年4630万美元的额外税收用于教育技术投资。

当考试分数并不能让他们满意时,成千上万所学校不得不遭受人们对教育技术的质疑,而凯里尼校区不过是沧海一粟。自从这些项目显示出"只对成绩和考试分数产生了可测量的微弱的效果,如果有的话",很多大大小小的校区、城市和农村的学校、经济发达或落后的区域就放弃了各类一对一笔记本项目(Hu, 2007, para. 7):

- 纽约州雪城市(Syracuse)郊外的利物浦高中(Liverpool High School)已经决定逐步淘汰笔记本电脑。利物浦学校董事会主席劳森(Lawson)先生说:"7年过去了,没有任何直接的证据表明笔记本电脑对学生的学习成效有任何影响——完全没有。"(para. 5)
- 马托奥卡高中(Matoaca High School)在发现使用了笔记本电脑的学生与对应的未使用笔记本电脑的学生相比没有任何学业收获之后,取消了其为期5年的笔记本电脑项目。
- 加利福尼亚州(California)科斯塔梅沙市(Costa Mesa)的埃弗雷特

小学(Everett A. Rea Elementary School)与另外一所学校，都取消了笔记本电脑的使用。这两所学校是加利福尼亚州和缅因州(Maine)2003—2005年开展的某研究所涉及的10所学校的一部分。该研究指出，没有证据能够表明笔记本电脑可以提升学生州立考试的分数。

与此同时，关于技术的一厢情愿的想法能够很容易地在新闻头条中找到："想使用平板电脑来提升学生的学习成效吗？"(Norris & Soloway, 2012)，"移动App和设备提升学生的学习成效"(Tomaszewski, 2012)，以及"利用移动技术实现学生学习成效提升的计划"(Soloway & Norris, 2013)。

尽管关于技术能够带来更高的考试分数和更好的学习表现的一厢情愿的想法没有错，但是将我们所有的关注点都放在考试分数上面，并且听任考试来指导我们关于技术使用的决策是相当危险的。我们应该审视一下考试狂热——为什么我们不禁要担忧考试分数？是什么导致我们在20—21世纪之交如此前所未有地忧心考试分数？这种考试狂热是否只是虚惊一场？

这种病态的技术使用(以及在更广层面上的学习)是由考试狂热所驱动的，这种考试狂热在《不让一个孩子掉队》(*No child left behind*)法案和《力争上游》(*Race to the top*)计划中得到了充分的体现。目前，考试被看得如此重要，以致其在学校教育的很多方面扮演着重要的角色，如学校经费、教师评价、招生等等，在此不一一列举。也就是说，学生表现的结果会被极大地考虑到教师和管理者的未来和工作生活中。学生上升到下一年级，获得他们想要申请的学校/项目/大学的许可，凭借优异的成绩毕业，这些都需要好的分数。教师需要学生好的考试成绩来获得绩效工资或者有时候用来保住饭碗,管理者则需要学生好的分数来维持学校的经费并招揽合格的教师。

在这样一种疯狂地追求考试高分的环境下,似乎思考如何利用技术来达成这一目的变成了近乎本能的事情。但是关注使用技术来提高考试分数是错误的,而且迎合外部标准的紧迫性并不会让这种错误减少分毫。原因如下:

首先,考试分数高并不意味着认知技能高。标准化考试通常与认知能力相关联。然而,更高的考试分数并不保证更高的认知能力。认知能力包括固定智力(Crystallized Intelligence)和流动智力(Fluid Intelligence)(Cattell,1971)。固定智力通过学生在学校期间掌握的知识与技能反映出来,被如此看重的考试被设计用于测试学生的固定智力。与之相反,流动智力是分析抽象问题和进行逻辑思维的能力。即使考试分数提高了,流动智力并不见得就会变得更高,这一结论是麻省理工学院(Massachusetts Institute of Technology,MIT)的神经科学家与哈佛大学(Harvard University)和布朗大学(Brown University)的教育研究者在最近的一项研究中发现的(Massachusetts Institute of Technology,2013)。这项由波士顿(Boston)地区在校的14 000名8年级学生参与的研究发现,一些学校成功地提高了学生在麻省综合评价系统(Massachusetts Comprehensive Assessment System)中的得分,但在提高学生的流动智力测试的表现上几乎没有任何成效,比如记忆容量、信息处理速度,以及解决抽象问题的能力等。

其次,通过使用技术来追求较高的考试分数,让我们忽视了非学业技能是学生学习的重要因素。在决定学生的学

> 考试分数高并不意味着认知技能高。

业表现和就业状况方面，非认知特质和行为也许与认知技能同样重要，甚至比后者还要重要(Heckman, Stixrud, & Urzua, 2006)。在一项关于K-12年级学生与影响学业结果相关的非学业技能和特质的综述中，罗森、格伦尼、道尔顿、列侬和波兹克(Rosen, Glennie, Dalton, Lennon, & Bozick, 2010)声称，越来越多的证据表明动机、努力、自主学习能力、自我效能感、学业自我概念、反社会与亲社会行为、应对与适应能力等7种因素在影响学业结果中发挥关键作用。比如，1年级教师评定学生的气质和性格与教师22岁时的文化程度呈正相关(Entwise, Alexander, & Olson, 2005)。此外，8年级时的不良行为与未来的教育成就呈负相关(Segal, 2008)。

再次，过度看重考试无可避免地带来了两个问题——考试倦怠和应试教育——这些问题几乎不可能解决。

太多的考试

考试与备考消耗了大量的教学时间和金钱。美国教师联盟(American Federation of Teachers)最近研究了学校的标准化考试日程表(Nelson, 2013)。2所中等规模的美国校区参与了这次研究，一所位于中西部，另一所位于东部。一个校区的考试管理达到了34个，另一个校区1年内有12种不同的标准化评测，以及47种独立的考试管理。该研究报告总结道：

> 如果彻底放弃考试，中西部校区几乎所有年级可以在每个教学日增加20—40分钟的教学时间。东部校区从6年级到11年级，每天可以增加几乎一整节课的教学时间(p.26)。

此外，考试占用了每个校区大量的预算。中西部校区每年为 3—8 年级每个学生的标准化考试花费了 600 美元甚至更多。而东部校区的开支更高，每年花费在 6—11 年级每个学生身上的考试费用超过 1 100 美元，花费在 3—5 年级每个学生身上的考试费用为 700—800 美元，而花费在 1—2 年级每个学生身上的考试费用约为 400 美元。

应试教育

被过度看重的考试的一个不可避免的副作用就是让应试教育越演愈烈。为《纽约时报》和《芝加哥论坛报》(Chicago Tribune) 撰稿的新闻记者罗恩·波勒 (Ron Berler)，在康涅狄格州 (Connecticut) 诺沃克市 (Norwalk) 的布鲁克赛德 (Brookside) 小学待了 1 年时间，并将他的所见所闻写进了他的著作《提升曲线：在美国 45 000 所较差的公立学校之一的一年纪实》(Raising the Curve: A Year Inside One of America's 45,000 Failing Public Schools)。布鲁克赛德小学是 2010—2011 学年度美国 45 000 所较差的公立学校之一。让波勒震惊的是该小学的过度考试对小学课程造成的影响。据悉，在秋季学期，布鲁克赛德小学跟你能够想象到的其他学校是一样的。但是自学生过完圣诞假期回校开始起，一直到考试开始前的 9 个星期，学校变成了一个备考的怪物。学校丢弃了课程，抛开了教科书，转而让学生专门学习标准化考试备考书。学生们接受的是狭隘的语言与数学课程，没有一样是与文理教育 (Liberal Arts Education) 相关的。此外，为了创造更好的机会让学生们通过标准化考试，教学时间和资源在学生中的分配是不均衡的。尤其是，一学年中有 22% 的时间，教师的授课对象主要是那些有可能无法通过标准化考试的占多数的中等学生。学校也会接触那些被认为处于可能通过标准化考试的边缘的学生。如此一来,那些成绩拔尖的学生和成绩垫底的学生被忽视了,因为对这些学生的教学辅导无法提高学校的考试绩效。

提供更好的教育:教育技术的真正价值

考试成绩不是黄金准则,也不能指导我们的技术使用。所以我们应该怎么办?美国教育部教育技术办公室主任凯伦·卡托(Karen Cator)说,单凭标准化考试分数不足以评估技术在学校中的作用。作为苹果电脑公司的前主管,卡托女士对于富技术学习环境中的平庸分数表现得更加乐观。她说,在一些地方我们大规模地使用技术,学生的成绩依然表现平平,这种现象大量存在(引用自 Richtel, 2011. Para. 44)。她还强调,"虽然考试分数是相同的,但是看看学生们正在做的其他事情:学习使用网络进行搜索,学习组织他们的功课,学习使用专业的写作工具,学习与其他人进行协作"(para. 44)。如果我们目光短浅,将教育的价值狭隘地理解为成绩报告单上的一堆数字,那上述的改变没有什么意义。但是如果我们相信学生是学习的主人,那么上述的改变就会变得很有意义,并且学习应该引导他们去解决真实世界的问题,而不是在标准化考试中获得一个体面的分数。正如亚利桑那州凯里尼校区的技术主管马克·歇尔(Mark Share)在其所发送的每封邮件底部的签名中所说的:"是什么东西不重要,重要的是你如何使用它。"(para. 45)技术给教学与学习带来了四种深刻的变革:电子课本、个人学习网络、协作和 iLearn 模式。

电子课本

几个世纪以来，在学习中扮演重要角色的课本正经历着重大的变革。随着越来越多的大学和学校采用1∶1项目，他们选用的课本正从传统课本变迁到电子课本。2012年，波士顿的马萨诸塞大学启动了平板电脑进课堂的项目。该项目在教室中配备了平板电脑，供教授们和学生们在课堂上使用，以及用于互动式活动。作为发起平板电脑走进大学课堂项目的主导者，玛丽·西蒙尼（Mary Simone）强调平板电脑已经显著增强了大学的学习环境：

> 在音乐理论课堂上使用钢琴键盘App来练习按键与和声……一名物理教授能通过各种各样的天文学App使用手指来捏合和缩放夜晚的星空，关注各个星体，并查看关于这些星体的统计数据（引用自Louie, 2013, para.2）。

电子课本运动在K-12年级中也很常见。纽约州怀特普莱恩斯市（WhitePlains）的大主教斯迪皮纳克高中（Archbishop Stepinac High School）让学生们可以通过笔记本电脑和平板电脑访问几乎所有的课本——从高一年级的生物到高三年级的微积分（Fitzgerald, 2013）。

与传统课本相比，电子课本具有一些新的特性。首先，电子课本改变了学生获取知识的途径。学生可以下载所有的学习材料，这意味着只要学生拥有一台设备（如计算机、平板电脑、手机等），就可以访问电子课本和互联网。

其次，除了在传统的实体课本上看到的文字外，电子课本还包含了多媒体材料(如视频、仿真、PPT幻灯片、交互活动等),这些都是传统课本所不具有的。电子课本使得学生可以在书页上移动物体,用数字故事的方式阅读他们最喜欢的书,或参加临时的生物小测验。课本不再仅仅是阅读材料。通过提供学习材料,有趣的学习活动,甚至是反馈和评价,电子课本极大地扩展了传统纸质课本的功能,并能在学习中发挥许多的功效。

再次,借助 iTunes 大学课程管理(iTunes U Course Manager)等制作工具,教师能够创建他们自己的电子课本或课程包(Course Packet),这些也许能更好地适应学生的需求。教师可以为学生选择具有发展适应性(Developmentally Appropriate)的教学内容,以及能够让学生产生文化回应(Culturally Responsive)的材料和教学活动,集成教师制作的视频,并组织课本以配合课时的安排。

但是对教师来说,没有一项是容易实现的。它需要3大步骤——聚合、综合处理和创造——每一个步骤都包含技术的使用。首先,你需要收集所有的信息来源。最好的方式应该是通过在线社会书签工具来聚合内容,如 Diigo 等,它们可以让你创建书签、标记、注解和分享站点。你还可以与其他具有相似兴趣的教师建立联系并浏览他们发现并分享的资源。第二步是综合处理。在该步骤中,你需要对保存的站点进行更深入的分析,并为你的课程/主题选择信息相关度最大的资源。你可能会尝试 LiveBinders,它能让你轻松地为你的课程张贴资源,或者 Scoop-it 软件,它能让你创建你自己的在线杂志。最后一步是创建。到了你创建并发布你的电子课本的时候了。Google Sites、PBworks、Wikispaces 和 iTunes U 等数字工具都是不错的选择。借助这些工具,你可以发布文本、张贴图片、嵌入视频和多媒体演示,还可以发表评价。

个人学习网络

随着社会媒体被广泛地用于沟通与协作,资源不再彼此孤立。相反,只要资源以某种方式彼此关联,它们就能相互连接,这可能通过分享主题、分享兴趣、被出版或被保存得以实现。这种连接使得教师创建和维护个人/专业的学习网络成为可能,且变得很重要。个人学习网络能够显著地帮助教育工作者在专业上成长。基于专业兴趣和目标,他们可以创建个性化的个人学习网络。推特和品趣志(Pinterest)是两个能用于创建个人学习网络的社交媒体。

推特

推特是一个社会网络微博工具,它能够让用户发送被称为推文(Tweets)的短消息。推文被限定在140字以内,从而使其能够被轻松浏览。推特在世界上的很多国家都得到了广泛的使用,这意味着教师们可以访问到世界范围内成千上万对彼此的专业成长有贡献的教师。使用推特创建和扩展个人学习网络的方式有很多种。首先,你可以在推特的用户数据库中搜索让你对其推特内容感兴趣的用户。通过关注这些教师,你将会从他们那里获得更新。很有可能他们的新推文是与教育相关的,并会吸引你的注意。其次,你还可以使用推特标签(Hashtags)与你的个人学习网络保持连接。当有人发送推文的时候,他们会用推特标签(使用符号♯,即井字键)来标记他们的推文。推特标签按照主题将信息分组,从而方便后期的搜索和访问。比如,如果你对教育技术感兴趣,你可能想要搜索推特标签♯edtech。很重要的一点是,你不仅可以找到标记有推特标签的信息,同时还要标记你自己的推文,以便其他人能够通过搜索推特标签找到你的推文。

再次，推特标签对于聊天来说，实在是太棒了。教育工作者们可以使用相同的推特标签进行聊天并可以按照约定的时间在线碰面。下面列出的是由 *Edutopia*（Ray，2012）推荐的关注于教育的聊天清单：

教授4年级的教育工作者的聊天♯4thchat
每周一，美国东部标准时间下午8点/西海岸标准时间下午5点

教授社会研究的教育工作者的聊天♯sschat
每周一，美国东部标准时间下午7点/西海岸标准时间下午4点

音乐教育工作者的聊天♯musedchat
每周一，美国东部标准时间下午8点/西海岸标准时间下午5点

英语语言学习者的教育工作者的聊天♯ellchat
每周一，美国东部标准时间下午9点/西海岸标准时间下午6点

幼儿园的聊天♯kinderchat
每周一，美国东部标准时间下午9点/西海岸标准时间下午6点

普通教育的聊天♯edchat
每周二，美国东部标准时间中午12点/西海岸标准时间上午9点；东部标准时间下午7点/西海岸标准时间下午4点

科技教育工作者的聊天♯scichat

每周二，美国东部标准时间下午9点/西海岸标准时间下午6点

新进教师和职前教师的聊天 #ntchat

每周三，美国东部标准时间下午8点/西海岸标准时间下午5点

家长和教师的聊天 #ptchat

每周三，美国东部标准时间下午9点/西海岸标准时间下午6点

艺术教育工作者的聊天 #artsed

每周四，美国东部标准时间下午7点/西海岸标准时间下午4点

教授世界语言的教育工作者的聊天 #langchat

每周四，美国东部标准时间下午8点/西海岸标准时间下午5点

初级教学水平的教育工作者的聊天 #elemchat

每周六，美国东部标准时间下午5点/澳大利亚悉尼时间周日上午7点

品趣志

品趣志是另一个优秀的个人学习网络工具。正如其主页描述的那样，品趣志是一个用于收集和组织你喜欢的东西的工具。用户创建并分享虚拟书签(被称为钉子)的集合(被称为钉板)。钉板的主题从生日聚会到菜谱，包罗万象。以教育钉板的主题为例，包括教育技术、基于项目的学习、翻转

课堂、儿童文学等等。当你标记一个虚拟书签后,你将会收到关于哪些人标记过该资源的通知,这使得寻找谁有可能分享你的兴趣变得更加容易。如果你喜欢钉板上的某个虚拟书签,你可以关注该钉板。通过关注这个钉板,你会收到该钉板上新的虚拟书签的推送。你也可能会得到那些觉得你的虚拟书签有趣并有帮助的人的关注。你可以通过关注其他钉板和获得其他人对你的关注,发展自己的个人学习网络。当你观看别人的虚拟书签时,你可以再次张贴该虚拟书签(也称为"Repin"),或在钉板上进行评论,或对该虚拟书签点赞。在每一个虚拟书签下,你可以看到相关的统计数据——再次张贴的数量,收集到的点赞的数量,收到的评论的数量等。你还可以分享你的钉板并邀请其他人跟你一起管理该钉板。

协作

技术能够将协作提升到一个全新的高度。协作不再仅限于你和你认识的人之间。如果你愿意,你可以接触到更广泛的公共听众。上述所有关于个人学习网络的例子描述了你是如何与那些分享了你的专业兴趣但是有可能与你素未谋面的人进行协作的。比如,如果你对 Web 2.0、社会媒体和教室中的技术感兴趣,你可以成为 Classroom 2.0(www.classroom20.com)的会员。作为面向教师的社会媒体平台的会员,你可以在论坛上分享你的观点,其他的教师会员可以看到你的帖子并给予你反馈意见。当你有疑问并想从其他教师那里获得帮助时,将你的问题贴到论坛里,你就有可能得到答案。另一个很好的例子是笔友(Pen Pal)项目。在该项目中,学生们与其他国家的学生进行交流并分享他们的观点与想法。在笔友项目中,学生们可以使用电子邮件、博客、维基,以及 Edmodo 等社交媒体工具与笔友进行联络。

与你已经认识的人进行协作同样看起来差别很大。比如，课堂交流不再是仅仅在上课时间在课堂上进行交谈。学生们可以在谷歌文档上进行协作写作，不同的学生在同一时间分别撰写论文的不同章节，查看其他人在同一文档上所做的所有更改，并根据需要做进一步的修订。学生们还可以通过在线视频会议工具如 Skype 或谷歌环聊等进行相互协作。异步工具（如在线的多线程讨论）为同伴交流提供了另一个可行的渠道。

谷歌文档、谷歌环聊和 Skype 等协作工具不仅能很好地服务于学生，还能很好地为教师和教育工作者所用。通过谷歌文档，教师和教育工作者可以轻松地分享他们的教学计划、量规、评估和其他教学材料。在分享的过程中，他们需要输入他们同事的电子邮件地址，并可以选择是邀请他们的同事只可查看文档还是也可以对文档进行编辑。谷歌环聊、Skype 和 Voxer 都是可用于小团体交流的免费工具。谷歌环聊和 Skype 都可支持小团体的聊天和视频会议，而 Voxer 只是一个简单的对讲机应用程序。不同于你可能已经在学校大楼里见到过的那种传统的对讲机，Voxer 可以让教育工作者与世界各地的教育工作者进行聊天。使用者可以向个人和群组发送文本信息、图片和即时语音信息。学校管理者可以使用该应用程序作为对他们使用传统对讲机与员工和教师进行交流的补充。一些校区使用 Voxer 来帮助教师与校区内的其他教师保持联系。在更广的层面上，Voxer 可以让教师与世界各地的教师通过接收/发送文本信息、语音信息和图片进行联系。

iLearn

技术给学习带来的最重要的变革或许是使开发一种新型的学习模式，

即 iLearn 模式成为了可能。该模式包含两个关键的特征：个性化的教学（"i"的部分）和学习者所扮演的重要角色（"Learn"的部分）。

尽管适应学习者的个性化需求这一问题已经存在一段时间，但是在实际课堂教学中它并非时常发生。事实上，发现然后适应一个有 20 人或更多人的小组的个性化需求是一项十分艰巨的任务。学生的个性化需求包括但不限于：

- 不同的教学层次
- 不同的母语（非英语母语者）
- 不同的学习风格

需求清单还可以继续往下罗列，但看起来已经很多了。尽管适应所有这些需求仍是一项不简单的任务，但是技术能够提供很大的帮助。

不同的教学层次

技术对于为学生确定不同的教学层次很有帮助，并能基于学生的教学层次为其提供差异化的教学。适应不同的教学层次需要确定每个学生的教学层次。基于技术的评估，如 Google Forms，可以让发布评估、自动评分评估和分析结果变得更简单。然后教师可以根据评估的结果为学生设计学习活动。技术还可以帮助教师为不同层次的学生提供合适的学习材料和学习活动。潜水采珠人（Pearl Diver），一个由某大学开发的用于讲授数轴的免费数学应用程序，就是一个很好的例子。该应用程序针对的是 3—8 年级的学生。学生在数轴线内潜水寻找隐藏的珍珠。每一次潜水成功之后，程序的难度等级会上升一级，这使得该应用程序能够适应学生的不同层次。这个特征现在已经被嵌入到很多的应用程序和教育游戏当中。教师也可以手动调整应用程序的难度等级。

不同的母语

当教师的班上有非英语母语者的时候，与这些学生以及他们家长的交流成为了一大挑战。如果教师恰好会说某个家庭的语言，或者学校能够找到会说某种语言的家长志愿者，那么事情就会变得相当轻松。但是，很有可能教师既不会说某种语言，他/她也一直找不到可以提供帮助的家长志愿者。在这种情况下，翻译技术如谷歌翻译（Google Translate）、iSpeak Spanish 或 iTranslate 将会很有用。比如，iTranslate 可以翻译 52 种不同语言的单词和句子中的全部单词，并可使用 16 种语言的 43 种声音将文本转换为语音。借助谷歌翻译，教师甚至可以讲词组并听到相应的翻译。

不同的学习风格

学习者可能会偏好不同的学习风格，它是个性化教学的另一个层次。有 7 种不同类型的学习风格——视觉型、听觉型、言语型、动觉型、逻辑型、交际型和内省型。技术为匹配这些学习风格提供了更多的机会。借助一系列易于使用与分享的 Web 2.0 工具，学生可以有很多机会去选择他们偏好的、能更好地匹配他们学习风格的学习形式（如录音、文章、视觉演示等）。教师也可以选择以多种不同的方式去呈现教学材料。比如，播客（Podcast）可以供听觉音乐型的学习者使用，电子书可供言语型学习者使用，而视觉呈现（比如信息图表）则可能会对视觉型学习者有很大的帮助。

iLearn 模式的一个特征是学习者在他们的学习中扮演着积极的角色。技术的功能可见性提供了比以前更多和更丰富的机会让学习者去积极地学习。随着网络上出现海量可用的免费资源（如书籍、视频、仿真和辅导教程等），学习者可以更加积极、自主地学习。学习者可以搜索额外的学习材料和辅导教程，创建电子学习卡片以帮助他们记忆关键的概念，观看仿真以获取情境化(Contextualized)的知识,玩交互型的游戏以测试他们的知识。学习者甚至还可以学习免费的慕课(MOOCs)。此外,学习者可以创建和维护他们自己的学习网络。通过在线出版和分享他们的作品,学习者可以从他们最直接的网络(Immediate Network)之外的人那里寻求反馈和建议,这在过去是无法想象的。

苏伽特·米特拉(Sugata Mitra)博士的"墙壁上嵌入电脑"(Hole-in-the-Wall)是一个学习者借助技术进行学习,从而在学习中扮演积极角色的完美案例(Hole-in-the-Wall Education, 2013)。苏伽特·米特拉博士,一位来自印度的教育学家,以一种特别的方式向世人展示了教育技术的价值。在他广为人知的"墙壁上嵌入电脑"实验中,他和他的同事在新德里市(New Delhi)的一个贫民窟的一堵墙壁上嵌入了一台已经接入互联网的电脑,然后离开了(通过使用隐蔽的摄像机拍摄该区域的视频,并向他的研究团队展示孩子们在电脑上做了什么)。他的研究团队在看到拍摄的内容后震惊了。贫民窟的孩子们在电脑上玩,他们学习如何使用电脑和如何上网,并相互教对方。视频显示,在第一次见到电脑之后的仅仅4个小时内,孩子们学会了录制音乐并相互放给对方听。米特拉博士在印度的其他地区重复了上述实验,结果发现孩子们会自主学习他们想学的东西,同时电脑在促进学生学习的个性化需求方面发挥着重要的作用。

电子课本、个人学习网络、更好的协作、个性化的学习体验,以及为学习者提供的更多的动力只是技术如何促进学习的几个实例而已。在其著作《高效课堂教学中的技术应用》(Using Technology With Classroom Instruction That Work)中,皮特勒、哈贝尔和库恩(Pitler, Hubbell, & Kuhn, 2012)系统地概述了与马尔扎诺(Marzano)的9条基本教学策略相

匹配的技术工具(Marzano, Pickering, & Pollock, 2001):

1. 设定目标并提供反馈
2. 强化努力和提供认知
3. 合作学习
4. 提供线索、问题和先行组织者
5. 非言语呈现
6. 总结和记笔记
7. 布置家庭作业和提供练习
8. 确定相似之处和不同之处
9. 生成和测试假设

就像这些实例所显示的那样,只要我们不将计算机的应用仅仅局限于提升考试分数,而是真正释放它的潜能,那么计算机就能够在教学中扮演重要的角色。正如乔治·西蒙斯(George Siemens)所说的:

> 如果它改变了信息产生的方式
> 如果它改变了信息分享的方式
> 如果它改变了信息评价的方式
> 如果它改变了人们联系的方式
> 如果它改变了人们交流的方式
> 如果它改变了人们能够为自己做的事情
> 那么它将会改变教育、教学与学习……

而这应该就是技术在学习中的主导作用。

参考文献

Berler, R. (2013). *Raising the curve: A year inside one of America's 45,000 failing public schools*. New York, NY: Penguin.

Cattell, R. B. (1971). *Abilities: Their structure, growth, and action*. Boston, MA: Houghton Mifflin.

Entwisle, D. R., Alexander, K. L., & Olson, L. S. (2005). Urban teenagers: Work and dropout. *Youth and Society*, 37(1), 3-32.

Fitzgerald, J. (2013, December 22). NY school all-in on trend of all-digital textbooks. *Huffington Post*. Retrieved from http://www.huffingtonpost.com

Heckman, J. J., Stixrud, J., & Urzua, S. (2006). The effects of cognitive and noncognitive abilities on labor market outcomes and social behavior. *Journal of Labor Economics*, 24, 411-482.

Hole-in-the-Wall Education. (2013). *Hole-in-the-wall: Lighting the spark of learning*. Retrieved from http://www.hole-in-the-wall.com

Hu, W. (2007, May 4). Seeing no progress, some schools drop laptop. *New York Times*. Retrieved from http://www.nytimes.com

Louie, K. (2013, October 15). Interactive textbooks revolutionizing the classroom text. *EmergingTech*. Retrieved from http://www.emergingedtech.com

Marzano, R. J., Pickering, D. J., & Pollock, J. E. (2001). *Classroom instruction that works: Research-based strategies for increasing student achievement*. Alexandria, VA: Association for Supervision and Curriculum Development.

Maslow, A. H. (1966). *The psychology of science: A reconnaissance*. New York, NY: Harper & Row.

Massachusetts Institute of Technology. (2013, December 11). Even when test scores go up, some cognitive abilities don't. *ScienceDaily*. Retrieved from http://www.sciencedaily.com

National Center for Education Statistics. (2011). *TIMSS 2011 results*.

Retrieved from http://nces.ed.gov/timss/results11.asp

Nelson, H. (2013). *Testing more, teaching less: What America's obsession with student testing costs in money and lost instructional time.* Washington, DC: American Federation of Teachers. Retrieved from http://www.aft.org/pdfs/teachers/testingmore2013.pdf

Norris, C., & Soloway, E. (2012, July/August). Want increased student achievement using iPads? *District Administration.* Retrieved from http://www.districtadministration.com

Pitler, H., Hubbell, E. R., & Kuhn, M. (2012). *Using technology with classroom instruction that works.* Alexandria, VA: Association for Supervision and Curriculum Development.

Ray, B. (2012, December 7). How to use Twitter to grow your PLN. *Edutopia.* Retrieved from http://www.edutopia.org

Richtel, M. (2011, September 3). In classroom of future, stagnant scores. *New York Times.* Retrieved from http://www.nytimes.com

Rosen, J. A., Glennie, E. J., Dalton, B. W., Lennon, J. M., & Bozick, R. N. (2010). *Noncognitive skills in the classroom: New perspective on educational research.* Triangle Park, NC: RTI Press.

Segal, C. (2008). Classroom behavior. *Journal of Human Resources,* 43, 783–814.

Siemens, G. (2011). *At the threshold: Higher education, complexity, and change.* Retrieved from http://www.slideshare.net/gsiemens/unisa-south-africa

Soloway, E., & Norris, C. (2013, January 9). Realizing increased student achievement with mobile technologies: Here's the plan. *THE Journal.* Retrieved from http://thejournal.com

Tomaszewski, J. (2012). Mobile apps and devices increase student achievement. *Education World.* Retrieved from http://www.educationworld.com

第四章　错误的假设

技术作为课程内容对用技术来培养数字素养

作为为未来的就业市场提供合格劳动力的事业单位，全世界的教育系统正面临着空前的挑战：未来是很难预料的。没有人确切地知道未来的就业市场将会怎样，因而也没有人知道什么样的劳动力是被需要的和最有价值的。数百年来，学校已经十分成功地提供了社会所需要的各种类型的人才，这很大程度是因为人类社会几乎以看不见的方式缓慢地向前发展，并且在数十年的时间内很少出现急剧的变化。纵观整个人类的历史，并没有太大的改变。然而，在过去的几十年里，信息和通信技术（ICT）的快速进步和飞速发展显著地改变了人类社会，这种改变如此之显著和快速，以至于一些学者惊叹世界是平的（Friedman，2005），距离不复存在（Cairncross & Cairncross，2001），正如阿尔文·托夫勒（Alvin Toffler，1984）在30多年前所预测的那样，我们正在步入的未来世界将在"很短的时间内发生巨大的变化"(p.2)。

相比数量的变化，技术所带来的社会性质的变化对社会和我们生活、工作的方式有着更重要的影响。在越来越多的领域，技术在效率、效能和节约成本等方面正在迅速超越人类。当今的技术不仅能打败国际象棋大师、赢得危险游戏(Jeopardy games),还可以开车、与人交流,甚至撰写科学性的会议论文(Brynjolfsson & McAfee, n.d.)。技术正在让被上一代人视为必要的、不可或缺的技能贬值。新技术的出现使得一些人将不可避免地失业。事实上,由于自动化和业务外包的出现,许多人已经失去了工作(Pink, 2005)。这种变化的范围不会局限于被认为是容易取代的工作,比如制造行业,而是会扩展到越来越多的领域。麦肯锡全球研究所(McKinsey Global Institute)最近的一份报告显示,颠覆性的技术正改变着生活、商业和全球经济,也给即使是受过高等教育的专业人员带来了挑战(Manyika et al., 2013)。这一趋势将会持续下去,甚至会加速发展,这使得人们有必要改变自己的职业生涯。

那么,学校应该如何有效地为那些尚不存在或者正在发生改变的职业培养合格的劳动力呢?在这个变化万千的世界,为了顺利地生活和工作,学生们必须掌握哪些基本技能、知识和能力呢?什么样的人才是最有用和最有价值的呢?

正如布林约尔松和麦卡菲(Brynjolfsson & McAfee, n.d.)所指出的,"对于一个拥有普通技能和能力的工作者来说,这是一个最糟糕的时代,因为计算机、机器人以及其他数字技术正在以非凡的速度获得这些技能和能力"(p.9)。但学校仍在不遗余力地专注于培养具有传统的"普通"技能的标准劳动力。这就导致我们的教育体系越有效,我们下一代的劳动力就越无能、越没有竞争力。因为我们是在让学生"和机器比赛"(Brynjolfsson & McAfee, n.d.)。当人们用从工业革命中所学到的知识与机器进行竞赛时,竞赛结果对于个体劳动者来说可能是不容乐观的。

错误的假设：将技术视作课程/教学

众所周知，自从 ICT 成为这些急剧的、快速的且革命性的变革的推动力之后，我们有理由相信，在不断变化的技术社会中顺利地生活和工作所要求的理解和使用信息技术的能力，正是未来的劳动力所需要的最基本的竞争力。

这种竞争力包含什么内容以及如何培养学生具有这种竞争力成为了过去 20 年来教育理论与变革的核心主题。基于对技术角色的各种假设，可以有不同的方法来培养孩子的技术竞争力。学校系统一直以来采取的传统方法是将技术主要视为一种工具，并因此将技术作为一门学科来教授。

自技术被引入之初，学校就将技术作为一门课程进行教学。虽然计算机早在 20 世纪 60 年代就进入了学校，但它们主要是被用于研究或行政工作。在 20 世纪 70 年代和 80 年代早期，技术在学校被认为是一门学科，学校希望学生通过研究机器和学习专门的技能来让技术为己所用。罗伯特·泰勒(Robert Taylor, 1980)的著作《学校中的计算机：导师、工具、受教者》(*The Computer in the School：Tutor，Tool，Tutee*)描述了使用计算机的 3 种方式。鲁尔曼(Luehrmann, 2002)回顾了过去 30 年来学校是如何使用计算机的，并根据泰勒的三元论(Taylor's Trichotomy)总结了计算机的使用，他得出结论：学校一般将计算机作为一种工具使用，而很少将之作为受教者和导师。在 20 世纪 80 年代后期和 90 年代早期，随着个人计算机的发明和友好的图形化用户界面的出现，计算机教育迅速发展。计算机被看作教与学的补充，基于课程的软件被开发出来并被引入学校。计算机课程主要培养学生专门的技能，如键盘输入和文字处理。在 20 世纪 90 年代末，互联网的迅速发展使得学校计算机教育内容也随之发生了巨大转变。学校开始讲授网络系统、网页浏览、网页开发、电子邮件和一些多媒体工具。康伦（Conlon，2000）指出，技术在教育中的作用主要体现在技术方面和工艺方面。

进入 21 世纪后，随着技术变得越来越随处可见，同时技术在年轻学生中广为流行，信息技术教育在学校中处于一个尴尬的局面。虽然信息素养被教师认为是一个重要的领域，但学校的技术课程仍然将操作性技能的教与学作为重点（de Vries，2011，p. 1）。尽管一些专门的 ICT 内容已添加到信息技术课程中，但技术教育整体上仍缺乏对技术科学的深入理解（George，2014）。

将技术主要视作一种工具，将教育技术视作一门课程，由此产生的教育技术实践对孩子的培养而言是有缺陷的，甚至很可能是有害的。首先，新的教育技术每天都在出现，课程不可能跟上新技术的变化，更不用说为教师提供专业发展，让教师学习这些新技术，并让他们将这些知识传授给学生了。2009 年思科（Cisco）的一项研究指出，就技术而言，教师的 5 大失误之一就是"低估了技术变化的速度以及如此快速的连续变化对全体教员的时间、预算、专业发展、软件升级、课程与课时重新设计的影响"（Lemke，Coughlin，& Reifsneider，2009，p. 5）。因此，"新技术不断出现，学校将一直是技术的追赶者"（Editorial Projects in Education Research Center，2011）。同时，因为技术变化得非常快，很多学生学习的内容很快就过时了。

其次，只将技术作为一种工具忽略了技术在用于不同情境和不同目的时所具有的价值，以及其在使用过程中蕴含的在社会、文化和法律方面的意义。技术不是文化中立的。技术理解力的差异形成了不同的文化，在不同的文化中，技术被赋予了不同的内涵。对于不同文化背景的人来说，即使是同样的技术也可能会被认为承载了不同的社会内涵,因而他们做出的回应也随之不同。

再次,年轻学生对于将技术主要作为一门工具进行学习的需求很低,因为今天的学生比上一代更懂技术。事实上,学生往往比他们的教师更了解技术。在2013年的一项调查中,1/3的教师赞同"我有使用新技术的想法,但往往孩子们比我知道得更多"(Vera Quest,2013,p.15)这一观点。在一些学校,懂技术的学生甚至为他们的教师提供技术支持。而我们需要做的是,帮助数字原生代(Digital Natives)深刻地理解技术的本质,以及技术对社会、文化和法律的影响。

此外,正如本章开篇所提到的,仅仅将技术作为一种工具,以及作为一门课程来教授,只能让未来的劳动力拥有"普通"的技能,而这类技能计算机很快就能学会,甚至比人做得更好。当越来越不需要专业技能和编程知识就能使用技术的时候,技术教育却依旧以教授各种技术工具和软件为主;而数字素养,即在这个全球化、信息化的世界中发展必备的整套新知识和新技能,很不幸被教育忽视了。

什么是数字公民?

技术教育应该关注如何培养合格的数字公民(Digital Citizens),而不是教授一个又一个的技术工具。如今的年轻人必须成为虚拟世界的贡献者和具有创造性的领导者。教育需要培养的是具备信息素养、独立性和创造性的世界级水平的劳动力。最重要的是,培养学生学会在一个不断变化的技术世界中生活本身就是在学校使用技术的一个很有价值的目标。

数字公民必须具有能够在数字世界生活、生产，并为社会做贡献的能力。它包括以下基本要素：(a)对数字世界本质的认知；(b)对数字世界积极的态度；(c)通过使用各种工具参与数字世界的能力；(d)使用各种工具创造数字化产品并引领数字世界的能力。

对数字世界本质的认知

数字公民作为智能的数字消费者，需要理解数字世界的本质，包括理解物理世界与虚拟世界之间的差异和联系；理解技术的本质以及不同媒体是如何共同发挥作用的；理解在线/虚拟活动的性质；理解数字世界作为一个由个体和集体参与者组成的不断扩大和发展的全球性网络的本质，并拥有区分幻想和现实的能力。

理解数字世界是在不断发展和扩张的

技术正在通过两种方式改变着这个社会。首先，我们传统的物理世界正变得越来越数字化。全球经济正愈发依靠技术来驱动。一项基于2010年美国劳工统计局(The Bureau of Labor Statistics)的分析数据显示，在美国，ICT 直接提供了近 1 100 万个高薪岗位，并且在 10 年内，还会再增加 130 万至 150 万个工作岗位(Brogan，2012)。移动设备的使用也使我们的物理世界越来越数字化。康姆斯科(ComScore，2014)报道称，智能手机用户的数量在 2013 年增长了 24%，至 2013 年 12 月共有 1.56 亿用户，移动市场占有率达到 65%；平板电脑使用率增长了 57%，共有 8 200 万用户。这意味着每 3 个手机用户就有 1 个使用平板电脑。该报道进一步指出，在过去的 3 年里，美国人花在互联网上的时间翻了一番。

其次，网络世界的内容和结构，以及用户参与，都有了显著的变化。

2014年6月,思科视觉网络指数(Visual Networking Index,VNI),一个正在进行的跟踪和预测视觉网络应用影响的项目显示:全球互联网协议(Internet Protocol,IP)流量在过去5年增长到原先的5倍多,且在未来5年将是现在的3倍;到2018年,全球IP流量将达到每年1.6 ZB,或每月131.6 EB(1 EB等于1 000 000 000 GB,5 EB相当于一个记录世界上所有人说过的话的文本大小;Cisco,2014)。网民的数量也得到了迅猛的增长,全球的互联网用户大约从2000年的3.61亿增长到了2013年的28亿,增长率为676.3%;在北美,互联网普及率已经达到85%(Internet World Stats,2014)。预计到2017年,互联网用户的数量将达到36亿(Cisco,2014b)。

理解现实世界和虚拟世界之间的模糊边界

现实和虚拟之间的界限是模糊的。现实是虚拟的一部分,虚拟也是真实的。首先,我们在虚拟世界与现实世界中的身份的区别日益减小。随着Web 2.0技术应用的日趋普及,尤其是社交网络媒体的广泛使用,人们将他们的网络形象与现实生活中的真实身份合二为一。我们在网络上展示的是我们现实生活的一部分。人们在网络上的朋友往往都是他们现实生活中的朋友,这在年轻一代中尤为普遍。霍华德·加德纳和凯蒂·戴维斯(Howard Gardner & Katie Davis,2013)将他们称为"APP一代"(App Generation),他们觉得这代人在关于隐私和身份等问题上的看法与前几代人非常不同,他们通常很大方并愿意分享任何他们想要分享的东西。

其次,研究人员发现,现实生活中的社会规范也同样被应用于虚拟世界。比如,在对"第二人生(Second Life)"的观察研究中,一组研究人员收集了关于用户的虚拟角色如何在虚拟世界与其他人进行互动的数据,这些数据涉及现实生活中的三个社会规范:性别、人际距离和眼睛注视。通过观察虚拟角色的言语和非言语行为,他们发现尽管活动模式完全不同,"第二人生"里的居民仍然遵守这些社会规范。"社会规范在'第二人生'和真实世界中具有相当惊人的一致性"(Yee, Bailenson, Urbanek, Chang, & Merget, 2007, p. 119)。

再次,虚拟的行为会带来真实的后果。这些后果有好有坏,好的后果如YouTube 的商业运作,不良的后果如网络诈骗。虚拟网络收益会产生真实的经济收益,因此在某些情况下也会产生真实的税收。除了电子商务,很多人都在虚拟世界中获利,甚至依靠虚拟世界谋生。在数字世界,人们既可能会赚钱也可能会赔钱。比如,2008 年,在"第二人生"虚拟银行中的金融失策导致相关用户在真实世界中预计损失近 75 万美元(Sidel, 2008)。

理解机会和潜在的危险同在

数字世界既充满了新的机遇,也存在着潜在的风险。一方面,互联网带来了新的商机和新的工作与娱乐方式。2013 年,美国人在网络上花费了大约 2 630 亿美元,比上年增长了 16.9%,远高于整个零售业的平均增长率。到 2018 年,这一数字预计将突破 4 915 亿美元("Total US Retail Sales", 2014)。这是一个全球性趋势。在中国,20%的化妆品销售是在网上进行的,而在美国这一数字则是 5%。在尼日利亚,"电子商务市场每年都保持着 25%的增长,并开始对该国的 GDP 产生重大影响"(Smith, 2014, para. 7)。

另一方面,数字世界也存在着新的挑战和潜在的危险,如隐私问题、网络诈骗和网络犯罪等。2012 年的一项调查发现,近 1/5 的美国人自称曾遭受过网络诈骗,与儿童相关的最令人担忧的问题包括成人色情内容(39%)、与陌生人接触(27%)、被同龄人欺负或骚扰(10%)、盗用身份(9%; National Cyber Security Alliance, 2013)。在几起影响度较高的关于网络欺凌的诉讼案件中，网络作恶者的欺骗行为对受害人造成了巨大的伤害，甚至导致其死亡（比如"Missouri Woman Indicted"，2008）。最近的 Snapchat 照片泄露事件说明技术使用者即使是使用据称是最私密的聊天程序，也容易受到伤害。Snapchat 是一个即时分享照片、聊天的应用。因为通过该应用分享的照片不会被保存，这一应用在过去几年广为流行，尤其是在青少年群体中。然而，2014 年 10 月有消息爆出说黑客获取了至少 10 万张 Snapchat 的照片。第三方 App 已经能收集到每一个被用户认为已经删除了的 Snapchat 照片和视频（Cook，2014）。在线网络犯罪也变得日益猖獗。根据麦卡菲（McAfee）最近的一份报告，2013 年在线黑客窃取了全世界大约 8 亿人的个人信息。据估计，每年全球经济网络犯罪导致的损失已超过 4 000 亿美元（McAfee，2014）。年轻人也存在因没有意识到后果而被卷入网络犯罪的危险。最近许多新闻报道说，青少年科技天才常常因侵入政府或其他机构的网站或数据库被起诉并可能面临牢狱之灾（"Teen Hackers"，2012）。

年轻人需要了解数字世界不断变化的本质以及网络中存在的机遇和潜在的风险，只有这样，他们才能在参与网络世界时更具责任感，而不是增加网络的风险。

随着技术的不断进步，人们只能寄希望于技术能进一步数字化我们的世界，并与我们工作和生活的方方面面进行交互。在理解的基础上，数字公民才能面对技术带来的不确定性和期望的变化，并准备好去适应这种变化，更重要的是成为变化的一部分。

对数字世界积极的态度

数字世界不断扩大和不断变化的本质既激动人心，有时候也令人困惑和沮丧。合格的数字公民必须能够理解数字化世界的复杂性,欣赏这样一个复杂的和不确定的数字世界,掌握解决技术问题的有效策略,并学会交流与共享信息的新方式。

在人们面对特定情况做出喜欢或是不喜欢的反应时,态度起着重要的作用。有研究已经明确了态度是教师在做技术决策过程中的一个关键因素(Al-Zaidiyeen, Mei, & Fook, 2010; Sabizan & Gilakjani, 2013)。态度是"一个可习得的倾向"(Fishbein & Ajzen, 1975, p. 6),它可以改变,可以不学即有,也可以通过再学习而获得。

面对改变,我们的态度可能并不积极,甚至可能是消极的。在工业革命时期,蒸汽机的发明和机器的使用带来了前所未有的生产能力,但在工人们看来,这会对他们的生存产生巨大的威胁。因为担心他们的工作会被机器取代,一些工人甚至捣毁了机器。接下来发生的事情证明了他们的担心并不是毫无根据的:机器确实在许多工作岗位上代替了工人。工业革命使得人们的生活水平显著提高,但许多祖辈几代都是工人的人显然受到了巨大的伤害,因为他们的工作被更强大的竞争对手——机器取代了,受到伤害最大的是那些自身所拥有的技能突然被机器贬得一文不值的工人(Krugman, 2013)。

200多年后,我们正面临着相似的处境,只是如今ICT的变革力量远比蒸汽机更强大。ICT不仅带来了持续的变化,而且在越来越多的领域很快超过了人类的能力。因此,很多人将不可避免地失去工作。人们很可能会换一个又一个的职业,因此需要不断地学习。

面对这样的挑战我们该如何保持积极的态度呢?回答该问题的第一个关键是理解:理解技术的本质,理解技术带来的机遇和挑战,并理解技术最适合做什么,而哪些更适合人来做。惧怕源于无知。通过理解技术的本质,数字公民可以理解并欣赏数字世界的复杂性和不确定性。当用户理解了广阔的数字世界所具有的多样性时,他们才可以欣赏这种多样性并和其他人一起很好地相处,无论是在线上还是线下。

第二个关键是实践:使用技术来学习和实践。通过使用技术,我们测试我们的舒适区(Comfort Zone),探索新的领域,获得新的体验、自信和对技术的更多理解。正如查尔斯·格拉斯曼(Charles F. Glassman)所指出的那样,"担心和焦虑很多情况下表明我们正朝着积极的方向前进,走出我们舒适区的安全范围,沿着我们真正目的所在的方向"(引用自 Loyland, 2014,"Closing Thoughts", para. 2)。研究发现,积极的态度和技术使用相互支持:用积极乐观的态度对待技术的教师和学生具有较高的 ICT 使用层次,那些更加经常使用技术的人也对技术持有积极的态度(Al-Zaidiyeen et al., 2010; Tubaishat, 2014)。

通过实践,人们也可以制定有效的策略来使用技术,并能创造性地解决技术问题。比如,技术经常发生故障,当发生故障的时候,重要的是要知道从哪里及如何获取资源和帮助。技术本身提供了这样一个供人们寻求帮助的平台。如今,我们习惯于依赖技术来帮助我们做出绝大多数的决定,从买哪所房子,在哪里度假到星期五晚上看什么电影等。我们使用技术越多,我们就越有可能开发出有效的策略去解决技术问题,去学习交流与分享信息的新方式。

通过使用各种工具参与数字世界的能力

合格的数字公民必须有使用各种技术工具来全面参与数字世界的能

力,包括发现和分享信息,娱乐、学习、工作,获取和分享信息以及与他人进行合作的能力。

首先,关于寻找可靠的信息来源的能力。如今我们正处于泽字节(Zettabyte)时代(Cisco,2014a),信息严重超载。任何词语的搜索都可能带来数以百万计的词条。缺乏合适的互联网搜索所需的必要能力,令人容易迷失在这个浩瀚的信息宇宙中。另一个挑战是找到可靠的信息。棘手的是,任何接入互联网和拥有必要计算机技能的人都可以在线提供信息,而且任何消息都可以在线发布,不管其质量与可信度如何。在皮尤研究中心的一个项目中,高中教师们指出,互联网和数字技术对学生学习的影响是多方面的、复杂的:一方面互联网给学生提供了大量的学习资源,另一方面又要求学生能从大量的数据中挖掘出可信和可靠的信息(Purcell et al.,2012)。因此,学生不仅要能够在网络上下载资源,更重要的是,要能够辨别网络资源的质量和可信程度。

其次,关于在数字世界中的娱乐、学习、工作,以及获取和分享信息的能力,数字公民不应仅仅是互联网的"使用者",相反,我们应该积极地参与创建、创造和改造数字世界。用户可以通过各种各样的网站、软件和应用程序获取和分享信息,例如可检索的数据库、数字故事叙述、博客、播客、论坛、社交网络、社交媒体、移动电话和维基百科等。我们已经目睹了数字原生代积极建设数字化内容的增长势头。比如,使用 App 在年轻人当中非常普遍。2013 年的 Speak Up 项目表明:在 6—12 年级的学生中有 44% 使用社交媒体 App,如 Instagram、Snapchat 和 Vine 等,近 1/3 的高中生自称使用推特(Project Tomorrow,2014)。YouTube 已经成为一个主要的信息和娱乐媒体来源,其覆盖的美国 18—34 岁成年人的数量比任何有线电视网络都要多。同时,用户也是 YouTube 内容的创造者,大多数的视频都是由个人用户上传的。

再次,我们要有与他人合作的能力。由于现代 ICT 已经让世界变成了一个地球村,我们在其中彼此之间相互关联、相互依存,因而对于任何工作和生活在数字世界的人来说,能够与他人协同工作已经成为一个越来越重要的能力。当今大部分的议题或项目都需要协作,比如,在国家层面,各国政府必须合作以共同面对一些最紧迫的威胁,如恐怖主义、气候变化、饥荒和流行病等。最近爆发的埃博拉病毒(Ebola)就是这样一个需要国家、组织和机构之间共同合作的例子。今天的学生,伴随着技术成长,沉浸于社交媒体的互动中,天生热衷于使用协作技术参与数字世界。与其说他们是数字世界的消费者,不如说他们是数字世界的创造者,因为他们"趋向于小组活动,并在蓬勃发展的有生产力的个体网络社区内寻求互动"(Rosen & Nelson,2008,p. 220)。

使用各种工具创造数字化产品并引领数字世界的能力

发明和创新:对数字世界有创造力的贡献

创造力是每个社会与技术进步的驱动力,包括 ICT 的快速发展。创新对经济增长至关重要。在数字世界,我们既面临着新的机遇,同时也面临着新技术所带来的挑战,因而创造性思维和创造性地解决问题的能力将不仅是成功的关键,同时对大多数人的生存来说也是至关重要的。公民必须通过创新性地创造数字产品和服务,创建、管理和领导在线社区来为数字世界做出自己的贡献。现代 ICT 为年轻人提供了必要的工具和平台,供他们在线创造和分享他们的数字产品。拥有高度可视化及易于理解的内容的

APP，例如 Instagram、Snapchat 和 Vine 等对年轻人而言非常具有吸引力，用户可以非常方便地进行内容创作，同时，也为这些平台的高强度互动和快速增长提供了动力(ComScore，2014)。

在数字世界，创建数字产品和服务并分享或出售他们产品的能力对于企业家来说是至关重要的。互联网为任何内容的创造者提供了平台，使他们的产品很容易就能覆盖数以百万计的用户，或者覆盖目标群体用户，即使他们分散在世界各地。此外，互联网及其提供的日益增长的资源为创造和发明提供了无限的机遇。比如，互联网和免费开源软件不仅有可能催生更多由用户驱动的创新，而且也让这些个体的创新能够通过志同道合者的人际网络进行扩散(Benkler，2006)。

对于全世界的学生来说，创造力是最受欢迎的品质。然而具有讽刺意味的是，学校不教创造力，相反，他们还扼杀学生的创造力(Zhao，2006)。为了改善这种状况并确保学校至少不会扼杀学生的创造力，教师必须被给予使用创业精神进行创新的自主权。高校开设了许多创业课程和项目，以帮助学生获得富有创造力的创新体验。然而，当前的创业教育常常过分狭隘地定义创业精神，只专注于短期的经济回报，忽略了创新的其他方法(Clark，2013)。为了培养创造力和创意，孩子们需要从很早就开始接触创业教育和不同风格的创造力，只有这样他们才能探索自己作为设计师、创造者和企业家的潜能和兴趣。

有效地引领数字世界

当我们试图管理网络空间并建立功能性的在线社区时，数字领导力是必需的。网络世界一直呈指数级增长，但是对在线活动的监管一直无法同步。虚拟世界俨然成了"数字西大荒(Digital Wild West)"(Schneiderman，

2014)。然而,随着在线活动发挥着越来越重要的作用,加强对虚拟世界的管理迫在眉睫。现实生活中的社会规范是否应用于虚拟世界存在不少争议,这些不同的观点大致可以分成三类:例外主义者(Exceptionalists),他们认为虚拟世界从根本上有别于现实世界,因而虚拟世界应该有自己的规章制度;非例外主义者(Unexceptionalists),他们认为虚拟世界与现实世界并无二致,故可用现实世界中的规则和条例来管理虚拟世界;中庸主义者(Middle Ground)则认为虚拟世界是基于"代码即法律"(Code is Law)理论的一种独特的世界,同时,他们也认为当代码无法保护虚拟世界时,就需要现实世界的干预(Stoup, 2008)。

　　研究者已经检验了这些不同的观点。斯图普(Stoup,2008)说,尽管有一些证据表明现实生活中的社会规范同样存在于虚拟世界中,但由于存在技术性的和实践性的阻碍,这些现实社会中的规范很难非常好地发挥作用。因此,网络社区的成员一定要共同努力找到打破壁垒的方法,实现在线活动监管的最优化。莱斯格(Lessig,2000,2006)认为,网络空间是可控且需要监管的,但更重要的是,如果我们想要构建理想中的网络空间,那么身处其中的公民必须采取措施,参与到制定规则、塑造理想网络空间所需的规则的过程中来。

通过使用数字技术来培养数字公民

　　数字公民是融合了知识、态度、技能和能力的多层面综合体,只能通过实际地使用数字技术来培养。全世界的年轻人都在使用各种数字技术探索广阔的可能性,并在数字世界中不断获取经验、逐步成熟。

比如，在年轻人中非常流行的社交媒体，为学生提供了开展各种数字活动的平台，并在培养数字公民方面显示出了巨大的潜力。通过在移动设备上使用各种应用程序，尤其是那些高度可视化、可以实现即时分享和即时参与的应用，年轻人几乎引领了每一种社交媒体的使用，包括 Instagram、Vine、Snapchat 和品趣志等。比如，皮尤互联网研究项目（Pew Internet Research Project）的报告显示，只有 19% 的成年互联网用户使用推特，而青少年的这一比例为 24%。青少年同样引领着 Snapchat 的使用。截至 2014 年 5 月，Snapchat 用户每天发送 7 亿照片和视频。而在 2013 年 2 月，这一数字只有 6 000 万（Shontell，2014）。

社交媒体已经成为年轻人表达自己、分享信息、与同伴交流最重要的场所。2013 年的一项皮尤互联网调查报道称，青少年在社交媒体上越来越多地分享关于他们自己的信息。一个典型的青少年脸书用户有 300 个好友，一个典型的青少年推特用户有 79 位粉丝，而且他们中的大多数对他们的在线活动有积极的态度与体验（Madden et al.，2013）。

使用社交媒体需要多种形式的创造力。比如，使用推特牵涉到使用非常简明的方式来表达一个人的想法和观念；使用 Vine 需要拍摄一个简短的视频，并与他人分享；在品趣志中，用户可以创建一个与特定主题相关的钉板，他们可以使用钉板来开展项目工作、组织活动，发现、收集和保存资源。

社交媒体也可充当一个建构性的学习环境，学生可以在其中开展项目合作，与他们的教师和同伴进行互动，并构建一个用于学习及社会互动的社团文化（Collegial Culture）。比如，一项研究显示，低收入的高中生可以使用社交网站进行自我发现、自我表现和身份探索，尤其是 21 世纪技能的学习。通过使用不同的技术，比如照片分享、平面设计和多种沟通渠道，学生们表示他们获得了技术技能,并开始具有一定的数字世界公民的责任感。(Greenhow & Robelia,2009)。

通过使用社交媒体,年轻人也以公民身份在线参与了民主话题。接近 2/3 的学生自称使用社交网络讨论诸如政治、宗教和道德等的话题(National School Boards Association,2007)。年轻人的在线公民参与可能对现实社会产生影响,怀利和马利(Wylie & Marri,2010)记录了发生在佛罗里达州(Florida)肯尼高中(Kenny High School)的这样一个案例。在目睹学校管理者对他们的一个同学做出不公正判决后,学生在脸书上积极参与激烈的讨论,使用民主的工具来表达他们的不满,还提出了关于如何采取行动解决这个特定问题并修正当前制度的建议。他们的在线运动非常有效,使得学校管理者给了那位学生改过自新的机会。通过这一过程,学生展示了他们对民主参与的热情,以及引领社会和政治事务的主动性。

每天都有新的技术创新破土而出,学生们正影响着新技术是否能够被采用并用他们认为最合适的方式使用新技术。在这个过程中,学校和家长能够提供的最好的帮助就是理解和鼓励学生参与其中,激发学生的好奇心和兴趣,并在需要的时候提供支持和指导。美国全国学校董事会协会(National School Boards Association,2011)主张,虽然社交媒体可能存在安全问题,但学校应该重视其给学生学习带来的好处。学校不应该限制学生使用社交媒体和移动设备,而应为学生提供一个能够在成年人监护下的安全环境中学习和探索技术的机会,从而使其获取脱离监护后仍能够负责任地参与并引领数字世界的能力。

随着数字技术发展的持续加速,我们唯一可以确定的就是未来的社会和就业市场充满了不确定性。目前最大的挑战是如何培养新一代的公民,让他们能够处理这种不确定性并适应持续的变化,过上幸福充实的生活。学校站在面对这个挑战的最前线,因为学生接受什么样的教育,在很大程度上决定了他们在未来社会中的生活和事业。

　　这本书的题目指出,我们不应该让人类做机器的工作。同样的,学校不应该培养与技术进行竞争的公民。相反,我们需要换一种方式思考我们与技术的关系,鼓励学生积极面对变化,培养学生的创造力和创业精神以及面对未知世界的能力,培养能够适应不断进化的数字世界的终身学习者。

参考文献

Al-Zaidiyeen, N. J., Mei, L. L., & Fook, E S. (2010). Teachers' attitudes and levels of technology use in classrooms: The case of Jordan schools. *International Education Studies*, 3(2), 211–218.

Benkler, Y. (2006). *The wealth of networks: How social production transforms markets and freedom*. New Haven, CT: Yale University Press.

Brogan, P. (2012). *Broadband and ICT ecosystem directly supports nearly 11 million high-paying U. S. jobs* (USTelecom Research Brief). Washington, DC: US Telecom. Retrieved from https://www.ustelecom.org/sites/default/files/documents/022812_Employment-Research-Brief-final.pdf

Brynjolfsson, E., & McAfee, A. (n. d.). *Race against the machine*. Retrieved from http://www.whitehouse.gov/sites/default/files/microsites/ostp/PCAST/PCAST_May3_Erik%20Brynjolfsson.pdf

Cairncross, F., & Cairncross, F. C. (2001). *The death of distance: How the communications revolution is changing our lives*. Boston, MA: Harvard Business Review Press.

Cisco. (2014a). *Cisco Visual Networking Index: 2013 - 2018 forecast Q & A*. Retrieved from http://www.cisco.com/c/en/us/solutions/collateral/service-provider/visual-networking-index-vni/qa_c67-482177.html

Cisco. (2014b). *Cisco Visual Networking Index: Forecast and Methodology, 2013 - 2018*. Retrieved from http://www.cisco.com/c/en/us/solutions/collateral/service-provider/ip-ngn-ip-next-generation-network/white_paper_c11-481360.pdf

Clark, P. (2013, August 13). Entrepreneurship education is hot. Too many get it wrong. *Business Week*. Retrieved from http://www.businessweek.com

ComScore. (2014). *2014 U.S. digital future in focus*. Retrieved from http://www.comscore.com/Insights/Presentations-and-Whitepapers/2014/2014-US-Digital-Future-in-Focus

Conlon, T. (2000). Visions of change: Information technology, education and postmodernism. *British Journal of Educational Technology, 31*(2), 109 - 116.

Cook, J. (2014, October 10). Hackers access at least 100,000 Snapchat photos and prepare to leak them, including underage nude pictures. *Business Insider*. Retrieved from http://www.businessinsider.com

de Vries, M. J. (2011). *Positioning technology education in the curriculum*. Rotterdam, Netherlands: Sense.

Editorial Projects in Education Research Center. (2011, September 1). Issues A—Z: Technology in education. *Education Week*. Retrieved from http://www.edweek.org

Fishbein, M., & Ajzen, I. (1975). *Belief, attitude, intention and behavior*. Reading, MA: Addison-Wesley

Friedman, T. (2005). *The world is flat: A brief history of the twenty-first century*. New York, NY: Farrar, Straus and Giroux.

Gardner, H., & Davis, K. (2013). *The app generation: How today's youth navigate identity, intimacy, and imagination in a digital world*. New Haven, CT: Yale University Press.

George, D. S. (2014, April 23). High school students are all about computers but get little instruction in computer science. *Washington Post*. Retrieved from http://www.washingtonpost.com

Glassman, C. F. (2009). *Brain drain: The breakthrough that will change your life*. Mahwah, NJ: RTS.

Greenhow, C., & Robelia, B. (2009). Informal learning and identity formation in online social networks. *Learning, Media & Technology, 34*(2), 119–140.

Internet World Stats. (2014). *Internet usage statistics: The big picture: World internet usage and 2014 population stats*. Retrieved from http://wvvw.internetworldstats.com/stats.htm

Krugman, P. (2013, June 13). Sympathy for the Luddites. *New York Times*. Retrieved from http://www.nytimes.com

Lemke, C., Coughlin, E., & Reifsneider, D. (2009). *Technology in schools: What the research says: An update*. Culver City, CA: Cisco. Retrieved from http://www.cisco.com/web/strategy/docs/education/tech_in_schools_what_research_says.pdf

Lessig, L. (2000). *Code and other laws of cyberspace*. New York, NY: Basic Books.

Lessig, L. (2006). *Code: Version 2.0*. New York, NY: Basic Books. Retrieved from http://codev2.cc/download+remix/Lessig-Codev2.pdf

Loyland, B. (2014). *Stepping out of your comfort zone*. Retrieved from https://www.zionandzion.com/stepping-out-of-your-comfort-zone

Luehrmann, A. (2002). "Should the computer teach the student..." — 30 years later. *Contemporary Issues in Technology and Teacher Education, 2*(3). Retrieved from http://www.citejournal.org

Madden, M., Lenhart, A., Cortesi, S., Gasser, U., Duggan, M., Smith, A., & Beaton, M. (2013). *Teens, social media, and privacy*. Retrieved from http://www.pewinternet.org/2013/05/21/teens-social-media-and-privacy

Manyika, J., Chui, M., Bughin, J., Dobbs, R., Bisson, R., & Marrs, A. (2013). *Disruptive technologies: Advances that will transform life, business, and the global economy. McKinsey Global Institute. Retrieved from http://www.mckinsey.com/insights/business_technology/disruptive_technologies

McAfee. (2014). *Net losses: Estimating the global cost of cybercrime*. Santa Clara, CA: Author. http://www.mcafee.com/us/resources/reports/rp-economic-impact-cybercrime2.pdf

Missouri woman indicted in MySpace cyber-bullying case that ended in teen's suicide. (2008, May 15). *Fox News*. Retrieved from http://www.foxnews.com

National Cyber Security Alliance. (2013). *2013 NCSA/Raytheon Millennial Cyber-security Survey*. Retrieved from http://www.staysafeonline.org/ncsam/resources/#sthash.QwuBgswt.dpuf

National School Boards Association. (2007). *Creating and connecting: Research and guidelines on online social — and educational — networking*. Alexandria, VA: Author. Retrieved from http://grunwald.com/pdfs/Grunwald_NSBA_Study_Kids_Social_Media.pdf

National School Boards Association. (2011). *Making progress: Rethinking state and school district policies concerning mobile technologies and social media*. Alexandria, VA: Author. Retrieved from http://www.nsba.org/sites/default/files/reports/MakingProgress.pdf

Pink, D. H. (2005). *A whole new mind: Moving from the information age to the conceptual age*. New York, NY: Penguin.

Project Tomorrow. (2014). *The new digital learning playbook: Understanding the spectrum of students' activities and aspirations*. Retrieved from http://www.tomorrow.org/speakup/SU13DigitalLearningPlaybook_student Report.html

Purcell, K., Rainie, L., Heaps, A., Buchanan, J., Friedrich, L., Jacklin, A.,... Zickuhr, K. (2012). *How teens do research in the digital world*. Retrieved from http://www.pewinternet.org/2012/11/01/how-teens-do-research-in-the-digital-world/

Rosen, D., & Nelson, C. (2008). Web 2.0: A new generation of learners and education. *Computers in the Schools*, 25, 211-225.

Sabizan, F., & Gilakjani, A. B. (2013). Teachers' attitudes about computer technology training, professional development, integration, experience, anxiety, and literacy in English language teaching and learning. *International Journal of Applied Science and Technology*, 3 (1), 67-75.

Schneiderman, E. T. (2014, April 22). Taming the digital wild west. *New York Times*. Retrieved from http://www.nytimes.com

Shontell, A. (2014, May 2). 5 months after turning down billions, Snapchat's growth is still exploding with 700 million photos shared per day. *Business Insider*. Retrieved from http://www.businessinsider.com

Sidel, R. (2008, January 23). Cheer up, Ben: Your economy isn't as bad as this one. *Wall Street Journal*. Retrieved from http://online.wsj.com

Smith, C. (2014, April 2). US e-commerce growth is now far outpacing overall retail sales. *Business Insider*. Retrieved from http://www.businessinsider.com

Stoup, P. (2008). The development and failure of social norms in Second Life. *Duke Law Journal*, 58, 311-344.

Teen hackers: 10 stories of young code-crackers. (2012, July 18). *Huffington Post*. Retrieved from http://www.huffingtonpost.com

Toffler, A. (1984). *Future shock*. New York, NY: Bantam.

Total US retail sales top $4.5 trillion in 2013, outpace GDP growth. (2014, April 10). *eMarketer*. Retrieved from http://www.emarketer.com

Tubaishat, A. (2014). An investigation into the attitudes of nursing students toward technology. *Journal of Nursing Research*, 22(2), 119-125.

VeraQuest. (2013). *Teacher technology usage*. Retrieved from http://www.edweek.org/media/teachertechusagesurveyresults.pdf

Wylie, S., & Marri, A. (2010). Teledeliberative democratic discourse:

A case study of high school students' use of Web 2.0. *Campus-Wide Information Systems*, *27*(4), 193–209.

Yee, N., Bailenson, J. N., Urbanek, M., Chang, E, & Merget, D. (2007). The unbearable likeness of being digital: The Persistence of nonverbal social norms in online virtual environments. *Cyberpsychology & Behavior*, *10*(1), 115–121.

Zhao, Y (2006, January 16). Creativity cannot be taught, but it can be killed. *Detroit Free Press*.

第五章　错误的技术使用

自上而下对自下而上

两个技术悖论

拉里·库班（Larry Cuban）于1993年这么说道："当技术遭遇教室，教室赢了。"尽管当时计算机正在快速地推广和普及，但库班认为技术在课堂教学中的应用微不足道，以技术驱动学校变革的前景一片渺茫。快进到20年后的2013年，技术在公立学校中的应用已经变得越来越普遍。1991年，在学校平均18个学生共享1台计算机（Cuban，1993）；2009年，生机比就大幅度下降到了5∶3（National Center for Education Statistics，2010）；1991年，学校还没有网络，更不用提平板电脑、电子白板和智能手机等设备；2009年，美国93％的教室都实现了网络连接，73％的教师表示他们的学生利用手机在教室或在家里完成作业（Purcell，Heaps，Buchanan，& Friedrich，2013）。

尽管这些设备在学校日益普及，但悖论之一就是技术根本没有得到充分且合理的使用。一项关于大学生在网络学习平台上进行课程学习的研究表明，教师和学生对学习平台的使用大部分限于一些重复性的工作，如发送课程学习材料（教学大纲、阅读材料、课程作业等）或是发布通知等（Lonn & Teasley, 2009）。

除了没有得到充分使用外，技术还存在一些使用不当的问题。一位来自美国内布拉斯加州（Nebraska）奥马哈市（Omaha）的教师曾在"美国全国教育协会教师休息室"（National Educational Association Faculty Lounge）的博客中写道，虽然很多学校在电子白板（SMARTboards）上投入了很多资金，但一些学校也只是将其作为一个巨型电视屏幕在使用（Force, 2013）。

技术的过度泛滥和技术低效/不当的使用之间的悖论向我们提出了这样一个问题：为什么这些年来我们在基础设施建设、设备和教师专业发展上投入了大量人力物力，而学校的技术与课堂整合的步伐还是慢如蜗牛（Cuban, 1993）？不充足的资金支持、有限的资源供给、教师对教育变革的阻抗，以及不完善的行政支持等回答看似合理，但都无法充分解释这一悖论（Cuban, 1993; Ertmer, Ottenbreit-Leftwich, & York, 2006）。

另一个悖论就是据称技术在校外过度使用，而在校内却没有得到充分使用。众所周知，当前学生在课外对技术的使用是过度的甚至到了痴迷的地步。美国小孩平均每天花在移动设备上的时间多于睡觉的时间（Rideout, Foehr, & Roberts, 2010）。公开调查和非官方的观察结果都表明，学生对技术过于投入，他们花在移动设备上的时间过多。与学生放学之后使用技术形成鲜明对比的是，当要求学生使用技术完成学校功课时，他们常常表现出较低的热情并投入较少的精力。

本章将首先通过比较两种已有的技术应用模式（"下午 3 点前模式"和"下午 3 点后模式"）对上述两个技术悖论进行探究，然后探索出能够帮助教师和学生更好地使用技术的替代方法。

下午 3 点前模式

萨默维尔小学(Someville Elementary School)[①]是一所典型的郊区公立学校,拥有训练有素的教师、充足的资金,以及对技术素养扫盲行动完善的行政支持。这所学校似乎不存在那些困扰了很多技术整合项目的常见问题(Becker, 2000),如技术可获得性问题和教师技术使用能力问题等。

在一堂 3 年级的技术素养课中,作为教师的史密斯先生(Mr. Smith)坐在教室前部的 1 台计算机前,教室内他的 20 名学生围着坐在 5 张桌子旁,每人 1 台计算机。史密斯先生让学生们访问他的网站,那里有他已经写好的今日课堂议程:打字练习。下面是他对课堂活动的具体说明:

> 本周我们将进行打字练习。务必将你们的手指放在正确的键位上!记住……如果我看到你的手指放错了位置,那么你将再去复习键位的知识!在玩 BBC 打字游戏时,试着看计算机屏幕而不是键盘。游戏结束之后,请完成一个关于打字正确性的小测验。临近下课时,务必要完成一份关于你打字兴趣水平的调查。

显然,史密斯先生是一个充满爱心的教师:他试着让每位学生参与到打字游戏中来。他通过让学生们参加一个关于课程内容的兴趣水平调查,

---

[①] 出于隐私保护,学校名称为化名。

来了解每位学生的兴趣水平。他提前做好课堂计划,并将其发布在他的主页上,以便每位学生都能访问。尽管如此,史密斯先生的在线说明中所概括的课堂学习活动基本上还是要求学生必须做教师明确规定的事情,并通过教师预设的测试。不然的话,学生们将会有"麻烦"。我们将技术的这种应用模式称为"下午3点前模式"(Before 3 p.m. Model)。在这种模式中,教师对技术的使用方式是在课堂上对技术的"谁来用,什么时候用,怎么用,以及为什么用"等进行控制。该模式具有明确的学习目标,教师的指导,确保学生能够达成学习目标的测试,以及大量的教师参与。

下午3点后模式

与"下午3点前模式"相比,技术应用的"下午3点后模式"(After 3 p.m. Model)没有课本,没有教师的教学指导,也没有测试,有的只是非常有限的教师支持。除了这些,学生无法得到足够多的合适的技术。

"下午3点后模式"的一个典型案例就是最近受到广泛关注的"我的世界"(Minecraft)游戏。根据其官网(minecraft.net)资料显示,这是一个自由破坏和重建组块的游戏。或许我们可以将"我的世界"理解为一种在虚拟世界中同时结合了乐高(Lego)和哈利·波特(Harry Potter)之神奇魔力的战略游戏。"我的世界"令全世界的孩子们都着迷,它允许孩子们在没有明确教学指示的情境下,用自己的方式去掌握如何建立和保护自己的秘密花园或梦工坊。虽然这种游戏没有教学指引和学习任务,但是它在孩子们的眼中和心里就像被施了魔法一样。他们与小伙伴们在学校的各个角落讨论"我的世界",在YouTube上向那些在世界另一端的专家学习如何利用"我的世界"创造出一些很酷的东西,在维基空间(Wikispace)上交流和分享各自的想法。由于他们一天中花费了太多的时间在"我的世界"游戏中,他们的父母不得不将其电脑关掉,但是他们依然沉浸在游戏世界中无法自拔。它是如此强大,就像具有催眠术一样。

"下午3点后模式"的另一个典型案例就是本书前面提到的"墙壁上嵌入电脑"(Hole-in-the-Wall,HiW)实验(Mitra,2003)。在这个实验当中,由苏伽特·米特拉(Sugata Mira)教授领导的研究者们利用牢靠的设计将电脑嵌入外墙中,以便学习站(Learning Station)能够抵抗恶劣的室外天气。通过安装一个专门的电源管理系统,研究者可以让孩子们在没有大人监督的情况下在嵌入墙体的电脑上玩游戏,这几乎不需要怎么检修和维护。另外,研究者还为每台电脑安装了一些英文的小游戏和短视频,以便孩子们能够在玩电脑的过程中学到一些新的英语词汇。因为这些电脑都联网了,所以孩子们能够利用新学的英语单词独自上网。在印度的一个村庄部署完学习站之后,研究者们离开了,留下孩子们自己在这些电脑上探索。孩子们可以自由地玩电脑并与他们的同伴协商一系列的问题,如轮流使用电脑、问题解决等。

一个月之后,孩子们就自己学会了如何使用计算机,而且还掌握了一些关于英语和数学的技能(Mitra et al.,2005)。因为它的巨大成功,这一模式被广泛应用于世界上的很多国家和地区,包括印度、南非、英国、澳大利亚等地,且对当地人的学习和生活产生了巨大的影响[①]。

HiW实验的乐趣在于:如果适当给予贫困儿童自由、公共和无监督的

---

① 详细了解 HiW 实验,请访问 www.hole-in-the-wall.com/newsevents.html。

学习通道，他们就能更投入地去完成复杂的任务，如数字素养、语言素养、社交能力、问题解决和研究等，而不论他们的国籍、性别、语言、种族和社会经济背景如何(Mitra & Dangwal, 2010)。

下午3点前模式对下午3点后模式：区别是什么？

需要指出的是，上述案例对于技术应用的两种截然不同的方式具有一定的启发性。无可置疑，也有很多优秀的课堂技术应用深受学生喜欢的案例，当然也有很多糟糕的课外技术应用项目。前面提到的"下午3点前模式"的案例是一个简化案例，而"下午3点后模式"的两个案例则更具启发性，因为它们更多地是在为应该如何有效地应用技术提出建议，而不是直接给出相关定义。进一步分析这些案例可以看出，很明显这两种模式存在五个不同点，这也使这两种模式都特别引人关注。这些不同点或许对本章开头提出的两个技术悖论具有一定的解释作用。

技术：最低限度使用对最佳使用

两种模式的第一个区别就是技术是否以一种最佳的方式被使用。在"下午3点前模式"中，技术主要是作为一种辅助工具让现有教学实践更加有效和高效。不管是有意还是无意，技术的力量在这种模式中被最小化了。在史密斯先生的课堂案例中，计算机只是被当作类似打字机的工具来使用，但是我们知道计算机所能做的比那些多得多。相比之下，"下午3点后模式"对技术的使用方式更具想象力。在HiW实验中，学生学会了如何使用联网的电脑看一些模拟短片并查找相关信息，而这些只是电脑强大力量和相关功能的一部分。

计划：外部课程对内部兴趣

　　从计划的视角看，"下午 3 点前模式"通常有一门由学区或高等行政机构设置的课程。课程是教学的第一要务，而不是学生的兴趣。课程具有明确规定的学习目标和标准，它们反映了学生应该要掌握的知识和能力。尽管在现实中技术的使用方式具有多样性，但课程决定了技术使用的"正确"方式。在"下午 3 点前模式"的课堂教学中，学生或许也可以使用技术来探索自己感兴趣的内容，但他们必须先完成课程规定的所有学习目标。从本质上说，这种类型的技术应用更多强调的是课程的要求而非学生的兴趣。

　　在课程和学习目标上，"下午 3 点后模式"与"下午 3 点前模式"存在巨大差异。以"我的世界"游戏为例，它没有为玩家预设学习目标或最终的任务，但这并没有阻止玩家在游戏中花费大量时间去创造复杂的作品或与游戏迷探讨游戏中的各种技术。在印度村庄实施的 HiW 实验同样如此。准确地说，正是由于缺少外部各方设定的明确目标使孩子们迷上了电脑。当外部课程将舞台还给学生时，学生就能在技术支撑的学习空间中自由地追求自己的兴趣。在一个 HiW 实验中，那些印度学生通过学习站发现了一个关于 DNA 的视频，他们对此非常痴迷，并想了解更多关于 DNA 的知识。在这一过程中，学生们通过相互协作在短时间内就顺利完成了几个学习任务，如掌握了生物学上的基本英语词汇，上网获得了更多关于 DNA 的信息等。学生通过协商选择自己的角色（比如，技术较好的学生就上网查找资源，词汇较好的同学就负责处理英语单词等）。他们还协商轮流使用电脑（如此刻谁用电脑以及用多久，因为只有两个学习站供该小组的学生共同使用)。由于没有外部课程,学生可以自由地发挥自己的积极主动性,并探索他们的共同兴趣。

实施:教师驱动对学生驱动

两种模式的第三个不同点在学习的实施上。从技术在教室内如何被放置、使用和评价等方面来看,"下午 3 点前模式"的实施主要是由教师来驱动的。在之前的案例中,史密斯先生的教学计划显示,教室中的电脑只是用于打字环节,而没有用于其他方面。在这种模式中,学生对如何使用电脑没有太多的控制权。对教师而言,它或许是一种驱动教学过程和达到教学基准或标准的有效方式,但这种模式也存在很多严重的负面效应。其中一个负面影响就是学生无意之中被训练成了他们学习的跟随者而不是领导者。当教师替学生做出的决定越来越多,学生就会感觉自己做决定的需要越来越少。在这种环境中成长的学生最后可能会将大量的时间花费在学习上,而很少思考自己为什么而学。

相反,"下午 3 点后模式"让学生成为自己学习过程的主宰者。他们必须自己领导自己,因为教师不会全程为他们提供学习指引。在该模式中,学生必须主导自己的学习活动。在过去数十年里,"下午 3 点后模式"的技术方案已经被广泛地应用于不同的学科领域,包括数学(Cognition and Technology Group at Vanderbilt, 1992)、阅读(Zhao & Gillingham, 2002)、多样化与技术技能(Cole, 1996)、数字故事(Lemke, Lecusay, Cole, & Michalchik, 2012)等。虽然这些技术方案会因学科类型和学生个人背景的不同而发生变化,但有一点是相同的,即学生可以主导自己的学习过程,他们可以决定为什么要使用技术、使用何种技术、什么时候用,以及怎么使用技术来辅助学习等。

支持：更多的支持对更少的支持

两种模式的第四个不同点在于在技术增强的环境中学生可获得的外部支持量。在"下午3点前模式"中,教师提供了更详细的教学指导,更容易获取的学习材料,以及更多的情感支持和引导式反馈。他们的测试更频繁,以确保学生掌握了他们应该掌握的知识技能。他们假定"多即是好",即更多的教师干预会自然而然地让学生的学习变得更好。

有趣的是,以"我的世界"游戏和 HiW 实验为例的"下午3点后模式"的学习活动的一个关键特征就是缺少成人干预。事实上,在这种模式中,学生并没有必须要完成的正式的学习任务或目标,没有教师站在旁边微笑、点头、拍肩膀或全程提供帮助。学生所玩的机器上或游戏中没有现成可用的学习内容,他们实际上需要花费额外的努力去寻找所有他们需要的一切,以便解决他们所感兴趣的问题。比如,在 HiW 实验中,那些印度孩子们为了能够阅读自己在网上搜索到的相关主题的在线文档,他们甚至愿意去学习一门新的语言(英语);在"我的世界"游戏中,为了弄明白如何建造一个迷宫,玩家们需要阅读大量的网上学习资源或观看一些很长的视频,尽管他们这一代年轻人经常被刻板定位为只有短暂注意力跨度的浅阅读者(Richtel, 2010)。虽然"下午3点后模式"将成人干预减少到了最低的水平,但是它增加了一些使学习过程更加愉悦的元素:尊重学生个人兴趣,赋予学生探索的自由,相信学生能够凭借自己的能力完成一些有意义的事情(而不是低估他们的能力)。这些元素也正是大多数"下午3点前模式"的技术方案所缺少的。

用户反应：忽视优势对合理解释不足

两种模式的第五点不同在于用户体验，更具体地说，是学生对两种不同技术环境的反应。在"下午3点前模式"中，学生忽视教师精心准备的教学指导的现象很常见。学生们对学习任务所表现出来的兴奋感并不像教师期望的那么高。关于成人支持，尽管教师非常愿意提供大量的学习支持，但学生有时认为这是理所当然的，甚至刻意回避。简而言之，对于教师尽力提供的所有积极的东西，很多学生只是礼貌性地随便看看，甚至完全不看。

然而，在"下午3点后模式"中，有趣的是学生们强烈地捍卫该模式，他们一方面鼓吹该模式的优势，另一方面又为该模式的不足寻找合理的解释。学生们承认学习目标的缺乏可能会让他们在刚开始的时候感到迷茫和困惑，但他们也迅速地指出这正是该模式最具价值的地方——能够让学生自由地去独立探究并解决问题。他们承认并不是所有的信息都便利地提供给了他们，但也立马指出正是自己查找信息和探索未知的环节让学习过程变得格外特别而又记忆犹新，这就如同一个人不辞辛苦地去寻找一张音乐专辑的特别版一样。学生们坦白地说，在自助服务型学习刚开始的阶段确实会有些惊慌，但后来回想起的时候，更会为自己与同伴们共同取得超出期望的成就而感到骄傲。即便学生们有时候低估了他们自己，在HiW实验中，尽管存在语言障碍，但印度学生确信他们花费时间和精力去学习电脑上呈现的那些他们无法即刻就理解的信息是值得的。对于"我的世界"这类游戏，虽然其交互界面有些模糊和简单，但世界各地的孩子们都在尝试捍卫该游戏，他们向自己满脸困惑的父母解释这个游戏是多么地炫酷、好玩和富有创意(Bilton, 2013)。

技术应用的几种路径

基于上述对两种技术应用模式的五点区别的分析,我们提出了几条理解技术角色,并实现技术最佳应用以促进成功和创新的路径。

路径 1:发挥技术的真正优势

技术不是万能的。跟人类一样,有些工作技术可以完成得非常好,但有些工作技术就力不从心了。因此,关键是要明确技术在每个学科领域的优势是什么,然后让技术做它擅长的工作(Zhao,Hueyshan,& Mishra,2000)。下面我们以写作为例来具体阐述。

近期一些关于具有数字倾向的青少年的人类学研究表明,学生们普遍认为与他们平时在社交媒体网站上所进行的校外写作相比,学校写作是一个完全不同的种类(Ito 等,2013)。传统上的学校写作技能教学侧重于单词拼写、语法规则、文章结构和内容组织。在校外写作中,读者才是学生写作过程中首要考虑的第一要素。很多年轻人善于创造性地应用各种媒体与工具来吸引不同读者的注意。相反,在学校写作中,学生文章的读者就是他们的教师或者其他为他们文章评分的人,这显得很抽象且不够真实。在校外写作中,写作的主要目的是人际交流和自我表达,而在学校写作中,顺利通过考试或达到成人设定的标准也许比真实而坦率的交流显得更重要。因此,学校教育所追求的写作技能和学生在校外所发展的写作技能之间存在着一种尴尬的割裂。这使得教师和学生对于"写作是为了什么"以及"什么是好的作者"等问题持有不同的看法(Ito 等,2013)。

那么技术在写作过程中的明显优势是什么？或许不是通过拼写检查来提高学生单词拼写技能，也不是让学生打字变得更快、更整齐。可能真正重要的是技术使得学生可以接触到广泛且真实的读者，而这在传统教室中是根本无法想象的。在传统教室中，如果某位学生写了一篇非常优秀的文章，它可能会在教室内被传阅，以获得同伴们的赞赏；或者文章被发表在学校的杂志上，作者甚至可能因此而获得国家级奖项。但这名学生必须倾注大量的时间和资源来面向真实的读者出版其作品，从而成为一个名副其实的好作者。对于一个生活在没有计算机和网络环境中的学生而言，能面向真实的读者发表自己的文章确实是一件非常荣幸的事情。而今天，只要他们愿意，所有的学生（或者绝大部分）都能借助合适的设备在线发表文章。他们不仅可以将自己的文章发布给大量的读者，同时还能立即收到读者的反馈。这才是技术的真正力量，即帮助学生接触到大量真实的读者。

具有讽刺意味的是，有些学校仍然有意地使用过滤器和其他技术手段来阻止学校计算机接入网络空间（Baron, 2014；Walthausen, 2014），或者如本书第二章所提到的，有些学校阻止智能设备接入网络。在这类学校中，学生无法接触到原本使用计算机就可以接触到的真实读者。当学生使用智能设备时，他们主要也不过是与其他同学和教师进行交流，这跟他们没有使用技术时所做的事情是一样的。如果技术的力量因被限制而无从发挥，那么不管平板电脑和各种 App 变得多么智能，学生都无法在写作训练或其他学科领域中从技术身上得到多大裨益。

路径 2：服务于知识的"长尾效应"

肯·罗宾逊（Ken Robinson, 2006）曾在一次 TED 演讲中提出了这样一个令人深思的问题:"没有哪个国家的教育体系天天安排舞蹈课,但却每天都安排数学课,这是为什么?"学校通常将最宝贵的资源(包括教职工的时间、技术、空间、课本等)投入到能保证个体在人类社会中正常工作的少量重要知识的教授中,如语言和数学。技术在学校中的应用也主要是为了促进这些重要、主流知识的传递。因此,大量知识在学校中都很遗憾地被忽视了。

长尾理论(The Long Tail theory)为我们提供了一个新的视角来看待知识的传播以及如何创造性地应用技术来促进那些没有在学校得到足够重视的知识的多样性。长尾理论(也被称为"80/20定律""帕累托曲线"或"幂律")是指各种社会现象的分布模型,其中20%最频繁发生的事件处于分布曲线头部,80%很少发生的事件则处于分布曲线长长的尾部。该理论是由意大利经济学家维尔弗雷多·帕累托(Vilfredo Pareto)于100多年前提出的,用于描述人口与收入之间的关系(20%的人口享有整个社会80%的财富)。从那以后,长尾理论就被用于描述语言、社会和其他类型的现象。最近,安德森(Anderson,2006)让这一理念变得更加流行,他认为技术可以通过提供无穷多的选择,为想要学习非主流知识的小众学习者提供重要的服务支持。

将人类社会知识作为一个整体进行审视,它也存在一条类似的分布曲线,其中经典的知识处于曲线头部,而非正统的知识则处于曲线尾部。与处于曲线尾部的知识相比,任何处于曲线头部的知识都能够获得更多的关注、资源和合法性。这就是为什么数学课能够获得远比舞蹈课多得多的教学关注和资源支持。过去人们就是这么对待知识的,现在很多学校依然如此。下面这个现实生活中的故事或许能说明如何在校内外运用技术为知识的

"长尾效应"服务。

"专注 DJ"凯尔文·多伊(DJ Focus Kelvin Doe)的故事:
一个 15 岁的孩子在哈佛大学的演讲

凯尔文·多伊出生在非洲西部的塞拉利昂共和国(Sierra Leone)的弗里敦市(Freetown),并在一个技术匮乏的环境中长大。在他的家乡,电被认为是一种奢侈品。尽管如此,多伊对技术十分着迷,这种迷恋如此之深以至于他放学后常常去垃圾箱搜集一些被别人丢弃的电子零件。利用这些废弃的电子零件,他为社区建立了属于自己的无线电台,他也因而被家乡人称为"专注 DJ"。由于他惊人的发明才能,多伊成为了 2012 年全球小众创新沙龙(Global Minimum's Innovate Salone)的获胜者。他去了美国,在麻省理工学院展示了他的发明,并在哈佛大学为一群工程专业的本科生做了演讲。YouTube 上有一个视频讲述了他的故事(该视频被观看了 500 万次),凯尔文·多伊对着摄像机说:"我喜欢'专注 DJ'这个名字,因为如果你专注于某件事,你就可以获得成功。"(THNKR,2012)

这个故事的大意可以归结为三点:(1)就学生的兴趣来看,永远不要低估知识的尾巴有多长。在多伊的案例中,垃圾箱和它里面的垃圾成了他发明的灵感,但这些东西常常被人们或学校丢弃。这是一个"别人的垃圾就是你的财富"的真实案例。(2)永远不要低估学生意志的力量。当孩子们发现深得其心的东西时，就会变得非常认真和专注。(3)永远不要以一种狭隘和僵化的方式来定义技术。只要敢于想象，无论是旧技术还是新技术都能激发孩子们内心的灵感。

路径 3：为可能性而不是预设去创设空间

我们应该充分利用技术来创设学习空间——一个存在多种可能性的自由空间，而不是仅仅为了实现预设的目标。然而，因为教学指导、学习选择和成人干预等不断涌现，技术增强型学习空间往往没有它原本设想的那么自由。实际上，尽管"下午3点后模式"的学习过程缺乏成人的教学指导和干预，但学生们非常喜欢这种模式，并为该模式存在的不足提供了合理的解释。

这种悖论或许可以用一个在教育领域很少提到的概念来解释，这个概念即中国艺术中所谓的"留白"(Empty Space)。技术应用与艺术创作之间看似毫不相关，但是一个设计良好的技术项目不仅需要具备良好的科学意识，还需蕴含极高的艺术品味。中国艺术中的"留白"概念可能为使用技术来设计学习空间提供了一个全新的视角。"留白"这一概念起源于道教(Daoism)，它对中国的文学、音乐、书法和绘画等都产生了非常重要的影响。根据《道德经》(*Tao Te Ching*)的说法，正是烹饪锅内空余的空间使其能够用于烹饪，也正是建筑物内空余的空间使其成为适于居住之所(Lao Tse, 2008, Ch. 11)。留白被认为是万物的开始，正如艺术评论家何为民(Weimin He, 2005)所说，"中国文学最具魅力的地方在于'不着一字，而形神俱备'，音乐最具魅力的地方则在于'无声胜有声'……因此缺失的内容可以自己创造节奏和韵调。"

我们前面提到的"下午 3 点后模式"也展现了留白的力量。HiW 实验的研究者们认为他们的项目之所以能够取得如此成功的一个决定性因素正是极少的成人干预。同样地，也正是因为"我的世界"游戏中没有给予玩家明确的任务，才使得学生可以感知和积极探索无限多的可能性。换句话说，让成人尝试去相信，设计者在技术学习空间中给予学习者一定程度的自由和宽容，不是一个糟糕的想法。比如，可以允许学生玩一会儿电脑，让学生实践他们的一些"愚蠢"的想法，让学生尽情娱乐，以及给学生感叹技术可以帮助他们完成如此多的任务的机会。

结语

现在，如果我们重新审视一下本章一开始所提出的两个悖论：(1)学校技术的大量购入与低效使用，(2)技术在校外的过度使用与在校内的使用不足，不难得出原因：

技术在校内使用不足的原因在于其应用是为了满足教师的教学而不是学生的兴趣。技术从实质上来讲只是掌握在教师和管理者手里，而不是学生手里。当学生受限于各种要求和技术限制时，他们的学习兴趣也随之消减了。

> 我们应该充分利用技术来创设学习空间——一个存在多种可能性的自由空间，而不是仅仅为了实现预设的目标。

技术在校外过度使用却在校内使用不足，是因为学生能够在校外技术环境中找到很多真实的受众，因为他们找到了一个能够施展其创造力的真正出口，因为他们获得了一种无拘无束的自由——能够追随自身兴趣的自由，能够追求被学校忽视的小众知识的自由,能够在失败中学习的自由,以及能够聆听自己心声的自由。

参考文献

Anderson, C. (2006). *The long tail: Why the future of business is selling less of more*. New York, NY: Hyperion.

Baron, K. (2014, June 16). What's the impact of overzealous Internet filtering in schools? *MindShift*. Retrieved from http://blogs.kqed.org

Becker, H. J. (2000, January). *Findings from the teaching, learning, and computing survey: Is Larry Cuban right?* Paper presented at the School Technology Leadership Conference of the Council of Chief State School Officers, Washington, DC.

Bilton, N. (2013, September 15). Disruptions: Minecraft, an obsession and an educational tool. *New York Times*. Retrieved from http://www.nytimes.com

Cognition and Technology Group at Vanderbilt. (1992). The Jasper experiment: an exploration of issues in learning and instructional design. *Educational Technology Research and Development*, 40, 65 – 80.

Cole, M. (1996). *Culture in mind*. Cambridge, MA: Harvard University Press.

Cuban, L. (1993). Computers meet classroom: Classroom wins. *Teachers College Record*, 95(2), 185 – 210.

Ertmer, P. A., Ottenbreit-Leftwich, A., & York, C. S. (2006). Exemplary technology-using teachers: Perceptions of factors influencing success. *Journal of Computing in Teacher Education*, 23(2), 55 – 61.

Force, R. (2013). *Do Smartboards make smart students?* Retrieved from http://www.nea.org/home/40355.htm

He, W. (2005). *The mystery of empty space*. Retrieved from http://

www.heweimin.org/Texts/mystery_of_empty_space.pdf

Ito, M., Gutiérrez, K., Livingstone, S., Penuel, B., Rhodes, J., Salen, K., ,... Watkins, S. C. (2013). *Connected learning: An agenda for research and design.* Irvine, CA: Digital Media and Learning Research Hub. Retrieved from http://dmlhub.net/wp-content/uploads/files/Connected_Learning_report.pdf

Lao Tse. (2008). *Tao te ching.* Shanghai, China: Zhong Hua Shu Ju.

Lemke, J., Lecusay, R., Cole, M., & Michalchik, V. (2012). *Documenting and assessing learning in informal and media-rich environments.* Retrieved from http://lchc.ucsd.edu/MacArthur-Learning-Report_2012-12.pdf

Lonn, S., & Teasley, S. D. (2009). Saving time or innovating practice: Investigating perceptions and uses of Learning Management Systems. *Computers & Education*, 53, 686–694.

Mitra, S. (2003). Minimally invasive education: a progress report on the "hole-in-the-wall" experiments. *British journal of educational technology*, 34, 367–371.

Mitra, S., & Dangwal, R. (2010). Limits to self-organising systems of learning: The Kalikuppam experiment. *British Journal of Educational Technology*, 41, 672–688.

Mitra, S., Dangwal, R., Chatterjee, S., Jha, S., Bisht, R. S., & Kapur, P. (2005). Acquisition of computing literacy on shared public computers: Children and the "hole in the wall". *Australasian Journal of Educational Technology*, 21, 407–426.

National Center for Education Statistics. (2010). Teachers' use of educational technology in U. S. public schools: 2009 (NCES 2010–040). Retrieved from http://nces.ed.gov/pubsearch/pubsinfo.asp?pubid=2010040

Purcell, K., Heaps, A., Buchanan, J., & Friedrich, L. (2013). *How teachers are using technology at home and in their classrooms.* Retrieved from http://pewinternet.org/Reports/2013/Teachers-and-technology

Richtel, M. (2010, November 21). Growing up digital, wired for distraction. *New York Times*. Retrieved from http://www.nytimes.com

Rideout, V. J., Foehr, U. G., & Roberts, D. F. (2010). *Generation M2: Media in the Lives of 8-to 18-year-old: A Kaiser Family Foundation Study*. Menlo Park, CA: Henry J. Kaiser Family Foundation. Retrieved from http://www.kff.org/entmedia/upload/8010.pdf

THNKR. (2012). *15-yr-old Kelvin Doe wows M. I. T.* Retrieved from https://www.youtube.com/watch?v=XOLOLrUBRBY

Walthausen, A. (2014, February). Schools should be teaching kids how to use the Internet well. *The Atlantic*. Retrieved from http://www.theatilantic.com

Zhao, Y., & Gillingham, M. (2002). Ingredients of successful after-school programs: The experience of KLICK. In R. Garner, Y. Zhao, & M. Gillingham (Eds). *Hanging out: Community-based after-school programs for children*. Westport, CT: Greenwood Press.

Zhao, Y., Hueyshan, S., & Mishra, T. P. (2000). Teaching and learning: Whose computer is it? *Journal of Adolescent & Adult Literacy*, 44, 348-354.

第六章　改变这一切

重塑第二次机器时代的教育

技术应用于教育的历史并不是一曲辉煌的胜利之歌。恰恰相反,它是一个从雄心勃勃的断言到付出惨痛代价的失败的循环。过去100多年里,尽管每次人们一开始都热情高涨,但没有任何一次技术革新成功实现了其承诺的教育变革或者使教育得到了显著改善。从托马斯·爱迪生(Thomas Edison)的电影到广播和电视,从斯金纳(B. F. Skinner)的教学机器到PLATO (Programmed Logic for Automatic Teaching Operations,自动教学操作程序控制逻辑)等计算机学习系统,从西蒙·派珀特(Seymour Papert)的LOGO编程语言到交互式数字化演示工具Hyperstudio,从多媒体光盘到多媒体计算机,这些无一不曾被人们认为具有显著改变教育的组织方式和传递方式的潜质。但现如今,教育的体制结构与100多年以前简直一模一样,学生的学校体验同样如此。技术甚至对教室这一教育最基本的要素的改革都以失败告终,正如20多年前美国斯坦福大学教育史学家拉里·库班得出的结论一样,"当技术遭遇教室,教室赢了"(Cuban, 1993)。

几乎在库班给技术在教育中的命运写下如此悲观结论的同一时间,富有远见的麻省理工学院数学家、计算机在教育中创新应用的先驱西蒙·派珀特(1993)说道,"思考未来教育需要耗费和想象同样的精力",就像只有在1903年威尔伯·莱特(Wilbur Wright)和奥维尔·莱特(Orville Wright)兄弟成功实现59秒的飞行后,我们才能体会到"工业的诞生将会催生喷气式飞机和航天飞机"(p.29)。派珀特在其重要著作《孩子们的机器:计算机时代重新思考学校》(*The Children's Machine: Rethinking School in the Age of the Computer*)中写道,"想象力的普遍缺失,让'所见即所得'成为了当前课堂上依据学习成效来测量计算机促进学习效果的主要方法,这使得'明天将永远是昨天的囚徒'这一论断成为了必然"(p.29)。他将基于课堂教学成效来判定计算机的价值比作是:

> 在一辆老式货运马车上增加一个喷气式发动机,看看它是否能够帮助那些马匹。事实证明,大多数情况下,它不但会惊吓到那些动物,货车本身也将会被震得粉碎。这说明喷气式技术对于运输质量的改善实际上是有害的。(p.29)

派珀特(1993)写这本书的目的是想在教育中"激发想象力,创造其他可行的方式"(p.34),遗憾的是他希望激发的那种想象力至今没有出现过。过去20多年来,大多数技术在教育中的应用就如同"在一辆老式货运马车上增加一个喷气式发动机"一样。虽然今天的技术力量已经远远超出了我们在1993年所能想象的,但是人们的思维模式仍然普遍没有改变:利用技术来改善传统的教育范式。

技术并不是唯一没能成功实现教育变革的创新,很多其他的教育创新也没有成功。进步教育(Progressive Education)、道尔顿计划(Dalton

Plan)、蒙特梭利教育法(Montessori Method)、瑞吉欧·艾米利亚法(Reggio Emilia Approach)、民主教育和华德福教育(Waldorf Education)等就是过去100多年来一些比较著名的为变革教育而不懈努力的案例(Tyack & Cuban, 1995)。这些教育创新原本是想将学校重塑为更多地以学生为中心的教育机构,转变大卫·提阿克和威廉·托宾(David Tyack & William Tobin, 1994)所谓的"学校教育法则"(Grammar of Schooling),即"组织教学工作的固定结构与规则……比如,学习时间与空间的划分、学生的分类及其在教室中的安排,以及将知识按照不同的学科进行划分等标准化的组织和实践"(p.454)。但是直到今天,学校几乎还是用与100多年前一样的方式来组织教学:学生按年龄来分组,由成年教师来管理,在实体教室中教学,学习统一的课程,且每门课程都被安排了一个固定的学习时间。尽管说教育创新的思想并没有完全消失,但它们也仅存在于教育的边缘地带。

关于教育创新为什么会失败的原因有很多,时机就是一个关键因素。很多时候,一项教育创新未能生根不是因为它本身就是个错误的想法或者缺乏正确的策略,而是因为引入的时机不对。例如,当创新的需求没有得到普遍认可,当创新还没有发展到让人们明显觉得它比现存机制更好,或者当创新缺乏相关基础设施去支持它的推广时,这些都是时机不成熟的表现。比如,自可视电话的概念在19世纪末被提出之后,整个20世纪就出现了各种形式的可视电话,但没有一个成功了。20世纪70年代,技术先进的美国电话电报公司(American Telephone & Telegraph, AT&T)开发的可视电话(Picturephone)可以说是一场商业灾难。它的用户只有几百人,与该公司当初预测的10万用户量相去甚远。直到进入21世纪,Skype等视频电话

(Videophone)的应用程序才开始被人们接受并成为一种常用的通信工具。

视频电话技术从诞生到彻底变革人们的通信方式，经历了100多年的时间，但它不是纯粹地等了100多年，而是在研究和开发上付出了很多努力，也经历了很多失败，最终才逐渐走向成熟的。与此同时，数字技术与网络技术等相关的基础设施支持也变得越来越先进，并且由于商业贸易在地域上日趋分散，人们出行的频率也越来越高，使得人们对基于视频的远程通信需求也变得益发突出。

从历史的角度来讲，一个创新想法在某一时期的失败并不意味着它在未来也无法取得成功。更重要的是，对创新而言，尤其是对于那些具有变革性质的创新，要想在重大的变革中取得成功，失败是一种必需的经历。这种经历为成功指明了新的方向，激发了新的尝试，孕育了新的解决方案。因此，失败是变革之路走向成功的基本要素。

从这个意义上讲，从短期的历史时间框架上来评判，此前人们为应用技术以改善教育所付出的所有努力以及在改变学校教育法则上做出的所有改革在当时看来都是失败的；但从长远看来，它们是必要的尝试和试错，是改善教育并最终转化为重大变革的经验来源。

变革教育的时间到了吗？是时候更加严肃认真地面对重塑学校教育和重构学校教育法则的挑战了吗？如果是的话，那么新的学校教育法则应该是什么样的？本章试图通过分析技术变革如何创造出重塑学校教育的基本要素之所需来回答这些问题：学习什么、如何学习以及在哪里学习。本章最后提出了一个新技术支持下的新学校的框架。

需要重塑教育

传统的学校教育法则要对我们在本书中提及的这些错误负大部分的责任。在传统教育范式中，教育等同于学校教育。学校教育就是将规定好的课程内容传授给学生，教师是将规定的知识和技能有效传递给学生的唯一代理人，教室往往是这一传递过程发生的主要场所，技术主要用于改善这一传统教育范式而并没有变革教育的内容、空间和方法。技术通常被认为是一种促进学生掌握规定课程内容的辅助性工具，因而学生的学习内容与过去并无差别。因此，评价技术对教育的影响与作用的标准依然是学生在知识技能测试中取得的成绩。关于在哪里开展教学，也依然是教室这样的物理空间，只不过它增加了很多诸如交互式电子白板（Interactive Whiteboard）、联网的计算机和移动设备等增强型技术装备。学生也依然是以小组的形式从教师那里获取相关知识，至于什么时候以及怎样使用技术设备，都是教师决定的。关于教育的方式也与过去一样，即教师作为知识的权威，在技术的支持下将知识传递给学生。

在一辆货运马车上捆绑一个喷气式发动机无法展现喷气式发动机的力量。同样，在传统教育范式上增加一项现代技术也无法发挥技术的潜能。更重要的是，教育必须从根本上进行变革，才能迎接技术带来的挑战。教育一直在与技术赛跑（Goldin & Katz，2008）。技术的发明与创新正在持续不断地给社会带来变化，这些变化常常比其他事物给社会带来的变化要大得多。这种变化创造了新的产业、新的商业模式、新的生活方式、新的可能性甚至是新的问题，同时也淘汰了陈旧的做事方式。教育，作为为社会培养有竞争力的公民的制度,需要时刻确保其所培养的未来一代具备与社会需求一致的相关能力。

教育一直处于一种"追赶"的模式,它需要预测技术的变革会给未来社会带来什么样的影响,并据此采取合适的应对措施。值得庆幸的是,革命性的技术变迁在人类历史上并不常发生。技术变革所导致的人们对知识、技能、人才等的价值从根本上进行重新定义的情况更加罕见,这就使得教育有追赶的机会。但是今天我们正处于由数字技术引发的社会转型中(Brynjolfsson & McAfee, 2014),这种转型的浪潮已经重新定义了知识、技能和人才的价值,而且未来还会持续。如果要在"第二次机器时代"为社会培养有竞争力的公民,教育必须对这些改变做出回应。

重塑教育内容:课程

课程是学校教育的一个基本要素,它界定了学生需要学习的内容。按照传统学校教育的法则,所有的学生都应该学习和掌握同样的知识技能,这些知识和技能是由国家或地方政府机构或者一个广为接受的非政府认证组织规定的,这些规定限定了所有孩子学习的范围和顺序,它们代表了所有孩子在某一年龄段应该掌握的知识和学会的能力。那些规定也限定了学校课程的教育活动以及课堂教学的基本结构。

重塑值得学习的内容:需求

课程的一个主要功能是确定学生通过学校教育应该发展的重要品质。学校通常被认为应该培养学生具备成功人士在社会生活中应该具备和渴望拥有的品质,而排斥或限制其他"非必需"的品质。每个人的天资、兴趣和爱好都各不相同,这种与生俱来的个体差异在其所处环境和自身经历中得到增强和放大。因此,学校中的学生各不相同。但是在特定的社会中,并不是所有的能力、兴趣和爱好都具有同等的价值或必要性。因而有必要让一个权威组织来定义哪些是所有学生应该具备的重要品质,并将其作为学校活动的指导,以便学校能够将其教学重点聚焦于学生需要具备的重要品质上,而舍弃那些不那么重要的品质。

技术进步带来的巨大社会变革,使传统的预先设定统一课程内容的模式变得过时了。首先,社会变化如此之快,使人们已经无法预先判定未来社会中什么知识和技能最有价值(Zhao, 2012)。技术的不断变迁与经济的全球化发展,使得旧的产业逐步被淘汰,新岗位不断取代旧岗位,并使现有的一些岗位在全球范围内流动。比如,据考夫曼基金会(Kauffman Foundation)的报告,从 1977 年至 2005 年,美国现有企业平均每年消失的岗位超过 100 万个,但是新的公司平均每年创造的新岗位数量约为 300 万个(Kane, 2010)。因此,我们没有确切的方式来预测孩子们未来将会从事什么样的工作。国际学生评估项目(PISA)的主管安德里亚斯·施莱西尔(Andreas Schleicher, n. d.)最近指出,"学校必须帮助学生为尚未出现的工作、尚未发明的技术以及不知何时就会出现的问题做好准备"(para. 8)。如果未来的职业有哪些都不确定,那么很难为现今的学生制定满足其未来工作需求的知识和技能,如果可能的话。

其次,规定"有价值"的知识和技能也已经不再是必要的了。社会已经发展到了一个所有人才都有价值、所有知识技能都值得学习的阶段。由于生产效率的提高,很多人已经积累了不少财富并有了参与更多休闲活动的需求,这使得他们能够消费更多心理上的或精神上的产品与服务,而这些产品与服务在很大程度上要依赖于传统上被低估的人才和技能。比如,畅销书作家丹尼尔·平克(Daniel Pink,2006)在其著作《全新思维:决胜未来的6大能力》(*A Whole New Mind: Why Right Brainers Will Rule the Future*)中倡导重视传统上被低估的右脑主导的技能。经济学家理查德·佛罗里达(Richard Florida,2012)在其著作《创意阶层的崛起》(*The Rise of the Creative Class*)中则指出了创造力的价值。此外,大量研究报告也明确肯定了诸如毅力、社交能力以及发展型思维模式(Growth Mindset)等非认知技能的价值(Brunello & Schlotter, 2010;Duckworth, Peterson, Matthews, & Kelly, 2007;Dweck, 2008)。

第三,传统课程观与新社会对人才的发展和技能的需求背道而驰。传统课程主要是为工业时代培养劳动力而设计的,因为在工业时代大多数的工作对人们知识与技能的需求基本相似。因此,那些课程偏好诸如量化技能、言语能力、逻辑能力等一小部分认知技能,并重点关注数学、语言艺术和科学等为数不多的几门课程。然而,如今越来越多的只需按常规程序性知识和技能处理的传统工作正快速地被复杂且先进的技术代替(Brynjolfsson & McAfee, 2014)或外包给一些能够以更低的价格得到此类技能的地方(Friedman, 2007)。

为此,教育应该培养后代具有无法被机器或外包取代的技能(Barber, Donnelly, & Rizvi, 2012;Wagner, 2012;Zhao, 2012)。这些技能包括创造力、创业思维、全球竞争力和非认知技能等,它们通常被称为21世纪技能,这些技能正是传统课程常常缺失的。此外,传统课程力图让所有学生掌握一套相似的能力,并试图根据外部标准而不是学生的兴趣爱好和个人优势来填补学生的不足之处。因此,孩子们几乎没有将自身优势与兴趣发展成出众才能的机会,而这些才能却是创新时代所急需的,也是一个需要伟大创业者不断创造新工作与就业机会的社会所急需的(Malone, Laubacher, & Johns, 2011; Zhao, 2012)。

重塑值得学习的内容:可能性

学校并不具备满足所有学生需求的各项资源,因此我们需要预先设定一些课程。传统上,学校只能够提供有限的学习机会和学习资源。因此,不管一个学校的财力和规模如何,为所有学生提供满足其个体需求的教育实际上是根本不可能的。因而学校必须选择性地将其资源分配到某些特定的领域,为此学校通过设置课程来帮助其决定哪些领域是值得投入资源的。

技术使得获得学习资源变得前所未有地容易,也使得学校没有必要再为所有学生规定统一的教育路径。过去10余年来,ICT的发展让人类知识与专家经验变得唾手可得。无处不在的可连接网络、交互式设备和多媒体设备,使得我们可以随时访问图书馆、博物馆、科学实验室、设计工作室、广播电视节目、报纸和杂志以及世界各地数以百万计的潜在专家等。学习不再仅仅发生在学校中,而且它们也不应该如此。所以,虽然现在学生仍在学校上学,但学校不再需要为给学生提供所有其需要的学习机会负全部责任。换句话说,学校不再需要为指导其资源分配而预设课程。

重塑值得学习的内容:个性化课程

技术使得我们重塑传统学校教育中无法触碰的要素之一的课程既必要,也可行。与受外部规定课程决定的"一刀切"式的传统教育相比,我们可以将教育重塑为一种支持每个孩子兴趣发展和特长发挥的个性化体验。什么样的东西值得学习,应该由孩子自己而不是由外部机构来决定。一切能够为学生追求自身爱好和增强自身优势提供最好机会的,都是值得学习的。

个性化课程是生成性课程(Emergent Curriculum)的扩展(Jones, 2012; Jones & Nimmo, 1994)。起源于瑞吉欧艾米利亚(Reggio Emilia)教育体系的生成性课程是计划课程的一种方式。生成性课程是由单个学生及其教师基于该学生的兴趣、爱好和特长共同协商构建而成的。生成性课程一直以来都用于幼儿教育的课程计划中,那个时期的孩子们通常不是被安排在有一到两名教师的专门的教室里。个性化课程可以被视为针对年龄稍大孩子的生成性课程,这些孩子与学校进行协商合作,共同开发出一套能够发挥他们特长并支持他们兴趣的学习体验。

为了实现个性化教育,学校的角色从规定课程的执行者转变成了允许学生自制个性化课程的授权者。学校不再为学生的学习规定一条统一的路线,相反,它对学生的需求做出反应。课程设置通常是基于对学生兴趣、爱好和能力等的仔细观察及认真思考而进行的。学校应为学生追求个人的兴趣与爱好,发现自身的学习热情,找出自身的劣势与优势,以及激发自己新的学习兴趣等提供大量的机会。同时学校也应具备较强的灵活性和较快的响应速度,以便鼓励学生敢于去承担风险、去改变课程、去承认错误。但这并不是说学生可以在任何喜欢的时间做任何喜欢的事情。恰恰相反,学校应该让学生学会对自己的选择负责。学校应该挑战让学生去追求更高的学习目标,对自己要求更严格,对事情更能做到持之以恒。

个性化教育将学习的主动权还给了学生。换句话说,学生负责设计他们自己想要学习的内容。学生是他们自己学习项目的主人,因而必须积极地去寻求构建他们自己的学习路径。就像一名博物馆的积极参观者，学生可以决定走哪条路线，看哪些展品，看多长时间，参加哪个讲座等。

为了实现个性化教育，学校必须要经历一些结构转型。比如，上百年来基于生理年龄对学生进行分组的做法必须被废除，将学生分配到相似规模课堂中的做法也必须被废除。学生可以选择去听讲座，参与小组讨论，或者加入能够展现自己兴趣和能力的工作团队等。同样地，学校不再需要给每门课程安排一个固定的时间段，如每堂课 45 分钟，持续上 20 周。我们可以根据学习内容、主题和学生需求来设定课程。这些课程可以短至 2 周，也可以长至 3 年。同样，学校也可以在某段时间内用一整天的时间来教学一个主题。

总的来说，技术支持下的个性化课程，需要对学校抱有憧憬。一所旨在提供个性化教育的学校其实从概念上讲不是一所学校，而是同处一个校园的很多所学校，每个学生都有他/她自己独特的学校体验。

重塑教育方式：教学法

与课程一样，教学法也是传统学校教育法则中长期存留的一个重要元素，尽管人们为引进更多创新的教学方式付出了大量的努力。如今，主流的教学实践仍然以教师为中心，教师仍然作为知识的权威和课堂的管理者主宰着学生的学习过程，直接传授式的教学方式仍然受到青睐。教学的主要目标是向学生传递知识，帮助学生掌握、理解和记忆指定的课程内容。

在传统的教学法范式中，学生被视为教学过程的被动接受者。他们要做的是跟随教师，掌握教师要求他们掌握的东西，并用教师希望的方式证明自己已经掌握了这些内容。换句话说,学生大多是消费者,而且是必须证明自己是善于消费的消费者。从学生的视角来看,学习的过程就是一个接收信息、使用信息,最后将信息反馈给教师的过程;而学习的目标就是寻找答案并将其以适当的方式反馈给教师。

关于传统教学法的一个更合适的隐喻就是管理一个工厂的机械工人。在这里,教师是管理者,学生是工人。教师每天为学生进行教学辅导并布置任务,而学生则尽最大的努力去完成任务。工期结束之后,教师会根据学生在教学过程中的整体表现以及任务完成的基本情况给予学生相应的奖励或惩罚。

重塑教学法: 需求

数十年来,传统教学法一直备受挑战。约翰·杜威、玛丽亚·蒙特梭利(Maria Montessori)、海伦·帕克赫斯特(Helen Parkhurst)、亚历山大·尼尔(A. S. Neil)以及其他提倡以儿童为中心的教育方法的研究者对专制型、指挥控制式和以教师为中心的教学法提出了质疑。由让·皮亚杰(1957)和列夫·维果茨基(Lev Vygotsky, 1978)等心理学家领导的建构主义理论与社会文化理论的出现,为反对传统教学法提供了科学依据。最近,脑科学研究和心理学研究也为披露传统教学法违背人类学习与发展之本质的事实提供了越来越多的证据(Bransford, Brown, & Cocking, 2000; Brown, 1994; Medina, 2008)。此外,"在美国,大量持续增长的文献支持这一观点,即与传统以讲授和测试为主的教学方法相比,学生主动参与学习过程的教学方法可以产生更高的学习质量"(Mascolo, 2009, p. 7)。

学习质量低的确是要求转变传统教学范式的主要原因之一。与以学生为中心的教学法相比,传统教学法存在学生学习参与度水平低、学习内容加工过于浅表、学习信息依靠机械式记忆以及内部动机缺失等问题(Lambert & McCombs, 2000; Watson & Reigeluth, 2008)。同时,传统教学严格控制教学过程和照本宣科的一贯做法抑制了学生的个人兴趣,减少了学生的学习渴望,降低了学生探索的可能性,并阻碍了学生高阶思维能力的发展。

随着技术的发展,传统教育范式的问题变得愈发突出。该范式最具破坏性的一个方面就是它成功地给学生灌输了消费者和雇员的思维模式。传统教学法喜欢顺从、奖励顺从,重视对现有知识的获取。传统教学法对于传授规定的知识和培养学生解决良构领域的已知问题的能力是非常有效的;但是它对于培养企业家和用创新性的思维模式去发现值得解决的问题、描绘未知与不可预测情境下的路径,或者敢于承担责任和风险去解决具有挑战性的问题帮助不大。在传统教育范式中,学生几乎不会为某一目的去创造一个真实的产品。在学生的整个学习生涯中,他们主要参与一些模拟练习和虚拟产品,以证明自己已经掌握了所学内容。因此,他们很少被鼓励去思考解决真实的问题或锻炼自身的创造力和想象力。

如前所述,技术让这个世界变得越来越难以预测。它还创造了一些需要用创业思维和创新技能来完成的新工作,以取代要求用常规知识和技能完成的工作。

重塑教学法:可能性

无法轻易地获取知识和专家指导是过去我们为了实现教学法从以教师为中心向以学生为中心转变所付出的很多努力都遭遇了失败的一个很重要的原因。直到最近,除了印刷出版物,教师一直是知识的唯一来源。学校是为数不多的致力于提供知识和专家等资源的地方。因此，就算学校或教师想让学习更加地以学生为中心，学生也很难甚至不可能学到教师不知道或者学校不提供的东西。同样，就算学生很想学一些东西，但如果学校不及时提供相应的学习支持路径的话，他们也很难找到所需的信息和专家等。

正如之前讨论的那样，技术在今天已经大大缓解了资源的访问问题。全球化的网络信息与通信设备和应用程序等使得几乎所有的人类知识可以被随时随地地访问成为了可能，其中大部分知识已经实现了数字化。云计算、社会网络、在线媒体和数据库、数字图书和其他出版物、多媒体学习资源等打破了学校和教师对信息的垄断。学生在任何时候都有可能从任何人身上学习到任何东西。

重塑教学法：产品导向的学习

显然，传统以教师为中心的教学法必须改变，而现在正是改变的最佳时机。这种改变不是一种渐进式的修补，而是一种范式的转变，一种对如何进行教学和学习的反思（Papert，1993；Watson & Reigeluth，2008；Zhao，2012）。这种转变需要我们努力重塑教学和学习的所有方面：从以教师为中心到以学生为中心，从知识传授到智能发展，从信息消费到产品创造。

产品导向的学习（Product-Oriented Learning，POL）是已提出的许多范式转变框架的一种。产品导向的学习最早由赵勇（2012）在其著作《世界级学习者：培养具有创造力和企业精神的学生》（*World Class Learners: Educating Creative and Entrepreneurial Students*）中提出，是一种基于项目的学习（Project-based learning，PBL），是近年来在教育领域广受欢迎的一种创新型教学方法。相比基于项目的学习，产品导向的学习与传统教学法之间的差距更加显著，因为基于项目的学习仍然需要教师的引导，且受到统一的课程的约束。

产品导向的学习具有很多完全不同于传统教学法的本质特征。它的目标是创造真实的产品或服务。也就是说，学习是为真实的需要服务的，不论这种需要是来自学生还是其他人。这种需要可以是学生创造一个自我表达的产品的强烈愿望，如一件艺术品、一篇小说、一首诗歌、一段音乐演奏等；也可以是学生对某一学科、解决科学或社会问题的真实兴趣；还可以是寻找提高人们生活质量和从整体上改善世界的机会。

产品导向改变了学习的本质，实现了学习从消费到创造的转变。学习不再是一种消费教师或课程所要教授的内容的行为，而是一个为创造服务于真实目的的产品或服务而获取知识和发展技能的过程。产品导向的学习远远超越了"从做中学"和"从创作中学"（Learning by Making），它是一种学生为了实践、创造、发现和服务而开展的学习。

因而产品导向的学习始于学生的兴趣和爱好，而不是课程或教师。基于个人的学习兴趣，学生会借此提出个人的、或社会的、或科学的学习需求。然后学生会开展真实的研究或学习活动，以此向教师或其他权威（如学校、家长等）证明他们的学习需求是真实可靠的。这种需求驱动的学习能够帮助学生理解学习的目的，履行学习的责任，锻炼如移情、同情等社交情感类技能，这些都是培养高效、有创造力和具备企业家精神的公民的重要特征。

产品导向的学习有助于学生发现自身的优缺点，并理解个体间存在的差异。在学生确定了需要解决的需求之后，他/她将被要求提出一个兼具特色和可行性的解决方案。为此，学生必须不断审视自己的能力，确认可用的学习资源，探索自己感知到的学习兴趣与优势。

产品导向的学习不仅重视学生创作成果的质量，还重视作品满足学习真正需求的程度。因此，在产品导向的学习中，学生负有创造最高质量作品的责任，且作品的质量并不是根据某一标准测试来衡量的，而是根据目标用户、教师或专家的评价来衡量的。这就要求学生不断修改和完善其作品。在这个过程中，学生要学习构建自身的成长观念，征询和回复他人的反馈意见，锻炼自我反省能力和批判性思维能力等重要技能。

产品导向的学习鼓励（事实上是强迫）学生积极寻求合作学习的机会，因为创造一项满足真实需求的产品或服务常常需要多种才智、技能和资源等的支持，而这些不是某个个体所能独自拥有的。为了创造一项高质量的产品或服务，需要一群拥有不同技能与兴趣的个体的通力合作。这一过程从根本上说就具有合作性，而且它充分利用了人类自然存在的多样性。更重要的是，它教会了学生多样性与尊重个体差异的价值。

总而言之，对技术无可取代的人才的需要以及技术带来的无所不在的知识的可能性促使我们重塑教学法，而作品导向的学习就是其中一种可能。同时，它也回应了人类社会正经历着的一次类似于工业革命的革命性转变。这种革命性转变的一个结果是，人们可以像在农业时代时那样，在非常小的年纪就开始参与真实的社会与经济活动。工业革命使得人们的经济活动远离了家庭和社区，并将他们的工作场所与生活场所分离开来。因而教育被视为一种培养孩子进入职场，过成年人的生活的方式。而今天，技术使得人们可以在家里办公，坐在家里就可以触及全球市场，在非常小的年纪就可以开发一些有意义的产品和服务。因此我们可以领悟到这样一个理念，即教育不是简单地为生活做准备，而是生活本身。

重塑教师—机器的关系：结语

这一轮的技术创新与教育投资能够打破过去从希望到失望的循环吗？答案是未知的，但我们可以从过去的经历得出，一个主要的决定性因素在于我们从过去的经验教训中学到了多少以及我们是如何重塑教育的组织形式以应对技术的快速发展的。

到目前为止，我们已经讨论了技术创造重塑课程与教学法的必要性与可行性，而只有当教师与技术之间的关系得到重组时，课程与教学法的重塑才能开始实施。

"不要让人去做机器的工作"，电影《黑客帝国》中特工史密斯的这句台词为我们在教育中重构教师和技术之间的关系提出了一个良好的建议。技术旨在延伸或替代人的能力，它能够做很多人类无法做或不愿做的事情，或者在完成任务的效率上比人更高，或效果更好或成本更低。技术就是被设计用来替代人类某些能力的。换句话说，如果技术在某些事情上能够做得比人类更好，甚至是做一些人类无法做的事情，那我们就应该让技术来完成这些事情。人类是没有理由与机器竞争的。最终，在一些机械化的领域中，技术将几乎完全取代人类，比如，自动取款机取代银行的某些岗位，机器人取代制造业的某些岗位。

教育要远比在银行存款或取款复杂得多。教育从根本上是一种人力劳动，技术将永远不可能完全取代教师。但是，许多传统上由教师来完成的任务也可以或者必须交由技术来完成，这样教师就有时间和精力去完成机器无法完成或完成不好的工作了。换而言之，如果使用得当，技术可以使教育更加人性化。

为了更好地发挥技术的潜能,学校和教师需要重塑技术和教育工作者之间的关系,以确定什么工作可以交由技术来处理,什么工作必须要由教育工作者来完成,哪些工作教育工作者可以做得比技术更好。这种重塑可以在多个层面发生,但它最终取决于学习者特征、现行安排与现有资源、年级层次和教育目标等。但有一条建议是始终不变的,即"不要让人去做机器的工作"。也就是说,我们不应该让教育工作者去做一些机器可以做得更好或者劳动成本更低的工作,而应该让技术去做一些教育工作者无法做或者不愿做的事情。

教师与机器关系的重构对实现教育范式的重塑至关重要。正如我们前面所讨论的,个性化课程和产品导向的学习都要求学校从"一刀切"式的教育工厂转变成个性化的学习生态系统。在个性化的学习生态系统中,学生可以自由追求他们的兴趣,创造有意义的作品,并为自己的学习负责。为了实现这一转变,学校必须提供更多的学习资源和学习机会,并重新思考如何组织和开发它们。仅靠教师是无法满足学生日益增长的学习资源与学习机会需求的,因而学校还需要依靠技术的支持,但不是用技术来取代教师。相反,是用技术来拓展和延伸人的能力。

学习生态系统的两个必不可少的元素是社会情感支持和个别化指导,它们能使学生的个人学习之旅得到合适的挑战、支持和指导。没有任何一种技术(甚至是所谓的大数据)能够像人一样与学习者进行社交情感互动;也没有任何一种技术能够理解学习者个体的心理状态,或是解释人的目的;更没有任何一种技术具备与教师同样水平的智慧、直觉和关心等。因此,只有教师才能提供社会情感支持以及个别化指导。

然而,在能够存储的信息量和提供信息访问方面,没有人能与谷歌竞争;在以趣味性和多媒体方式进行信息呈现方面,没有人能与计算机匹敌;也没有人能记住与数据服务器所能存储的量同样多的信息。除此之外,在处理重复机械性的工作时,也没有一个教师能够像机器那样有耐心。因此,教师们应该从类似信息采集、存储和传输等任务,以及其他机械练习的工作中退出来。

毕竟,教师是没有理由与谷歌或者 YouTube 竞争的!

参考文献

Barber, M. , Donnelly, K. , & Rizvi, S. (2012). *Oceans of innovation: The Atlantic, the Pacific, global leadership and the future of education*. London, UK: Institute for Public Policy Research.

Bransford, J. D. , Brown, A. L. , & Cocking, R. R. (Eds.). (2000). *How people learn: Brain, mind, experience, and school*. Washington, DC: National Academies Press.

Brown, A. L. (1994). The advancement of learning. *Educational Researcher*, 23(8), 4 – 12.

Brunello, G. , & Schlotter, M. (2010). *The effect of non cognitive skills and personality traits on labour market outcomes*. Munich, Germany: European Expert Network on Economics of Education.

Brynjolfsson, E. , & McAfee, A. (2014). *The second machine age: Work, progress, and prosperity in a time of brilliant technologies*. New York, NY: W. W. Norton.

Cuban, L. (1993). Computers meet classroom: Classroom wins. *Teachers College Record*, 95(2), 185 – 210.

Duckworth, A. L. , Peterson, C. , Matthews, M. D. , & Kelly, D. R.

(2007). Grit: Perseverance and passion for long-term goals. *Journal of Personality and Social Psychology*, *92*, 1087 – 1101.

Dweck, C. (2008). *Mindset: The new psychology of success*. New York, NY: Ballantine Books.

Florida, R. (2012). *The rise of the creative class*. New York, NY: Basic books.

Friedman, T. L. (2007). *The world is flat: A brief history of the twenty-first century*. New York, NY: Farrar, Straus and Giroux.

Goldin, C., & Katz, L. F. (2008). *The race between education and technology*. Cambridge, MA: Harvard University Press.

Jones, E. (2012, March). The emergence of emergent curriculum. *Young Children*, pp. 66 – 68.

Jones, E., & Nimmo, J. (1994). *Emergent curriculum*. Washington, DC: National Association for the Education of Young Children.

Kane, T. (2010). *The importance of startups in job creation and job destruction*. Kansas City, MO: Kauffman Foundation.

Lambert, N., & McCombs, B. (2000). Introduction: learner-centered schools and classrooms as a direction for school reform. In N. Lambert & B. McCombs (Eds.), *How students learn* (pp. 1 – 15). Washington, DC: American Psychological Association.

Malone, T. W., Laubacher, R. J., & Johns, T. (2011, July-August). The big idea: The age of hyperspecialization. *Harvard Business Review*, pp. 1 – 11.

Mascolo, M. F. (2009). Beyond student-centered and teacher-centered pedagogy: Teaching and learning as guided participation. *Pedagogy and the Human Sciences*, 1(1), 3 – 27.

Medina, J. (2008). *Brain rules: 12 principles for surviving and thriving at work, Home, and School*. Seattle, WA: Pear Press.

Papert, S. (1993). *The children's machine: Rethinking school in the age of the computer*. New York, NY: Basic books.

Piaget, J. (1957). *Construction of reality in the child*. London, UK: Routledge & Kegan Paul.

Pink, D. (2006). *A whole new mind: Why right brainers will rule the future*. New York, NY: Penguin.

Schleicher, A. (n. d.). *The case for 21st century learning*. Retrieved from http://www.oecd.org/general/thecasefor21st-centurylearning.htm

Tyack, D., & Cuban, L. (1995). *Tinkering toward utopia: A century of public school reform*. Cambridge, MA: Harvard University Press.

Tyack, D., & Tobin, W. (1994). The "grammar" of schooling: Why has it been so hard to change?. *American Educational Research Journal, 31*, 453-479.

Vygotsky, L. S. (1978). *Mind in society: The development of higher psychological processes*. Cambridge, MA: Harvard university press.

Wagner, T. (2012). *Creating innovators: The making of young people who will change the world*. New York, NY: Scribner.

Watson, S. L., & Reigeluth, C. M. (2008, September/October). The learner-centered paradigm of education. *Educational Technology*, pp. 42-48.

Zhao, Y. (2012). *World class learners. Educating creative and entrepreneurial students*. ThousandOaks, CA: Corwin.

英文版勘误表

在翻译过程中,我们发现英文版几处小小的错误,勘误如下。

No.	Location	Original	Revised
1	Page 12, line 12	meta-analyses by Cohen, Ebling, & Kulik, 1981;	meta-analyses by Cohen, **Ebeling**, & Kulik, 1981;
2	Page 28, References, line 10	Belson, W. N. (1961). Effects of television on the reading	Belson, W. **A**. (1961). Effects of television on the reading
3	Page 29, line 8	Cohen, P., Ebling, B., & Kulik, J. (1981).	Cohen, P., **Ebeling**, B., & Kulik, J. (1981).
4	Page 36, line 30	(Small & Vorgon, 2008).	(Small & **Vorgan**, 2008).
5	Page 42, line 8	based newspaper. Sarah Chanucey, a third-grade teacher	based newspaper. Sarah **Chauncey**, a third-grade teacher
6	Page 53, line 1	Small, G., & Vorgon, G. (2008).	Small, G., & **Vorgan**, G. (2008).

Source for these errors:
No.1 and No.3: http://www.jstor.org/stable/pdf/30218062.pdf
No.2: http://www.jstor.org/stable/pdf/2746365.pdf
No.4 and No.6: http://www.goodreads.com/book/show/3392787-ibrain
No.5: http://www.slj.com/2005/11/technology/make-way-for-wikis/

图书在版编目(CIP)数据

不要让人去做机器的工作/(美)赵勇等著;杨浩等译. ——
上海:华东师范大学出版社,2018
ISBN 978-7-5675-7418-2

Ⅰ.①不… Ⅱ.①赵…②杨… Ⅲ.①教育技术学 Ⅳ.
①G40-057

中国版本图书馆 CIP 数据核字(2018)第 015907 号

不要让人去做机器的工作

著　者	[美]赵勇　等
译　者	杨浩　等
审　校	杨晓彤
策划编辑	彭呈军
审读编辑	单敏月
责任校对	陈　易
装帧设计	高　山
出版发行	华东师范大学出版社
社　址	上海市中山北路3663号　邮编 200062
网　址	www.ecnupress.com.cn
电　话	021-60821666　行政传真 021-62572105
客服电话	021-62865537　门市(邮购)电话 021-62869887
地　址	上海市中山北路3663号华东师范大学校内先锋路口
网　店	http://hdsdcbs.tmall.com
印 刷 者	杭州日报报业集团盛元印务有限公司
开　本	787×1092　16开
印　张	9.5
字　数	116千字
版　次	2018年7月第1版
印　次	2018年7月第1次
书　号	ISBN 978-7-5675-7418-2/G·10907
定　价	28.00元
出版人	王　焰

(如发现本版图书有印订质量问题,请寄回本社客服中心调换或电话021-62865537联系)